教育部人文社会科学研究规划基金项目资助：我国英语专业研究生毕业论文抄袭行为和语言错误分析研究：语料库语言学视角（12YJA740028）

英语专业研究生学位论文分析与研究

贾冠杰 等 著

苏州大学出版社

图书在版编目(CIP)数据

英语专业研究生学位论文分析与研究 / 贾冠杰等著. —苏州：苏州大学出版社, 2015.8
ISBN 978-7-5672-1497-2

Ⅰ.①英… Ⅱ.①贾… Ⅲ.①英语-研究生-学位论文-研究 Ⅳ.①G642.477②H315

中国版本图书馆 CIP 数据核字(2015)第 209028 号

书　　名：英语专业研究生学位论文分析与研究
作　　者：贾冠杰等　著
责任编辑：金莉莉
策　　划：汤定军
装帧设计：刘　俊

出版发行：苏州大学出版社(Soochow University Press)
社　　址：苏州市十梓街1号　邮编：215006
印　　装：苏州工业园区美柯乐制版印务有限责任公司
网　　址：www.sudapress.com
E - mail：tangdingjun@ suda.edu.cn
邮购热线：0512-67480030
销售热线：0512-65225020

开　本：700mm×1000mm　1/16　印张：14　字数：230千
版　次：2015年8月第1版
印　次：2015年8月第1次印刷
书　号：ISBN 978-7-5672-1497-2
定　价：48.00元

凡购本社图书发现印装错误，请与本社联系调换。服务热线：0512-65225020

前 言

　　研究生毕业论文是对研究生几年学习成果的综合性总结和检阅，是在导师指导下所取得的科研成果的文字记录，是检验研究生掌握知识的程度、分析问题和解决问题基本能力的一份综合答卷，是衡量研究生水平的重要标准，也是学校实现人才培养目标的综合性实践教学环节。因此，本研究就显得十分必要和及时。研究生毕业论文研究涉及的面很广，本研究采用国际知名研究平台Turnitin 的分析方法，重点分析研究英语专业硕士研究生毕业论文的抄袭行为和语言错误。

　　抄袭是世界范围内历史悠久的毒瘤和顽疾，早在 16 世纪的英国，文学作家和诗人已经开始为自己的原创作品被抄袭而抗议，证明此时的创作者已经有了作者身份的意识。在 18 世纪的英国，抄袭被认定为一种违法行为。抄袭作为不道德的行为在中国已经存在久远。《辞源》中记载，唐代著名诗人柳宗元曾用"剽窃"来对一些学者的抄袭行为表示谴责。随着信息时代的到来，抄袭不仅越来越容易，而且也越来越严重。关于抄袭的研究已经引起了专家学者、政府及相关部门的重视，国内外已经有了一些相关的研究成果，但很少针对研究生毕业论文的抄袭行为进行研究。本研究通过对我国英语专业硕士研究生毕业论文抄袭行为大面积的实证研究，以期对提高硕士研究生毕业论文质量有一定的帮助。

　　对于外语学习中语言错误的看法存在着很大的差异。行为主义心理学将人类对语言知识与技能的掌握看成刺激与反应的产物，将语言学习看作一套习惯的形成，语言错误是由于学习者尚未形成正确的习惯，外语学习的目标之一就是要使学生克服和纠正语言错误。以行为主义心理学为基础的听说教学法认为，教师最好把学生的错误消灭在萌芽状态，有错必纠。而认知心理学强调外语学习者的心理认知过程，认为外语学习无法用刺激反应模式做出令人满意的解释，学习是一个复杂的心理过程，而不是被动的反应。外语学习是一种建构体系的创造性过程，在学习的过程中，语言错误是不可避免的，并对学习有积极的意义。因此，外语教师在课堂上总是喜欢纠正学生错误的做法是不可取的。对外语学习者出现的语言错误展开研究是二语习得研究的一个重要课题，已经引起了专家学者们的重视。研究外语学习者的语言错误是一项庞大且复杂的工程，覆盖面广。本研究只研究硕士论文中的部分语言错误，以帮助学生提高写作质量。本书为教育部项目的部分研究成果。

本书包括四个部分：第一部分概述（第一章和第二章），第二部分抄袭研究（第三章、第四章和第五章），第三部分语言错误分析（第六章、第七章和第八章），第四部分结论（第九章和第十章）。本书的作者（按姓氏拼音排序）有：邓漪涟、贾冠杰、李翠英、李喆、乔良文、渠静静、邵林、王锦霞、王云和赵黎静。

本书的出版得到了教育部人文社会科学研究规划基金项目的资助；苏州大学出版社汤定军、金莉莉等编辑给予了精心的指导和大力的支持；另外，在编写本书的过程中参考吸收了国内外一些专家学者的研究成果。在此一并对以上单位和个人表示衷心的感谢。

由于时间仓促，加之水平所限，书中可能存在错误和不妥之处，敬请广大读者批评指正。

贾冠杰
2015 年于苏州大学

- 第一章 抄袭 /001
  - 1.1 版权和著作权 /001
  - 1.2 引用 /002
  - 1.3 抄袭的定义 /002
  - 1.4 抄袭的历史 /005
  - 1.5 抄袭的种类 /005
  - 1.6 导致抄袭的因素 /007
  - 1.7 相关研究 /009
  - 1.8 小结 /017
- 第二章 语言错误 /018
  - 2.1 语言对比分析 /019
  - 2.2 语言错误分析 /020
  - 2.3 语言错误的分类 /022
  - 2.4 语言错误的来源 /025
  - 2.5 错误分析的发展与错误分析的程序 /026
  - 2.6 相关研究 /030
  - 2.7 小结 /041
- 第三章 论文抄袭研究（1） /042
  - 3.1 引言 /042
  - 3.2 语料库 /043
  - 3.3 研究设计 /045
  - 3.4 结果与讨论 /049
  - 3.5 结论 /063
- 第四章 论文抄袭研究（2） /068
  - 4.1 引言 /068
  - 4.2 文献综述 /070
  - 4.3 研究设计 /078
  - 4.4 结果与讨论 /084
  - 4.5 结论 /100
- 第五章 论文抄袭对比研究 /102
  - 5.1 引言 /102
  - 5.2 文献综述 /102
  - 5.3 研究设计 /104
  - 5.4 结果与讨论 /105
  - 5.5 结论 /113

- 第六章　论文语言错误分析（1）　/ 114
  - 6.1　引言　/ 114
  - 6.2　研究设计　/ 115
  - 6.3　结果与讨论　/ 117
  - 6.4　结论　/ 121
- 第七章　论文语言错误分析（2）　/ 123
  - 7.1　引言　/ 123
  - 7.2　语料库语言学　/ 124
  - 7.3　研究设计　/ 128
  - 7.4　结果与讨论　/ 129
  - 7.5　结论　/ 137
- 第八章　论文语言错误对比分析　/ 141
  - 8.1　引言　/ 141
  - 8.2　文献回顾　/ 143
  - 8.3　研究设计　/ 148
  - 8.4　结果与讨论　/ 154
  - 8.5　结论　/ 166
- 第九章　本研究的启示　/ 168
  - 9.1　学生论文抄袭行为研究的启示　/ 168
  - 9.2　学生论文语言错误研究的启示　/ 170
- 第十章　如何撰写高质量的毕业论文　/ 173
  - 10.1　撰写毕业论文的意义　/ 173
  - 10.2　毕业论文的类型　/ 174
  - 10.3　撰写论文的步骤　/ 175
  - 10.4　论文的结构　/ 177
  - 10.5　正确处理四大关系　/ 180
  - 10.6　如何撰写开题报告　/ 182
  - 10.7　如何撰写文献综述　/ 186
  - 10.8　运用科学的研究方法　/ 190
  - 10.9　外语毕业论文的致谢、开头、结尾和摘要　/ 194
  - 10.10　用心撰写毕业论文　/ 196
- 参考文献　/ 200

第一章 抄 袭

抄袭从来都不是一个清晰明确的问题，而经常被描述为一个"幽灵"，因为学术写作中有诸多概念如原创性、创意、著作权、知识产权等和抄袭有着密切的联系。

1.1 版权和著作权

随着15世纪印刷术的发明，出版社能够印刷大量的文学作品供大众阅读。那些更有学识的人开始接受"占有式个人主义"的观念。

"占有式个人主义"观念，即每个人都有权保护自己和他们的劳动产品的观念。这种观念随后扩展到一人可以拥有和使用自己思想和智力成果。到16世纪初，"占有式个人主义"已经发展为捕捉个人的想法和意见。1710年4月10日英国议会通过了世界上的第一部版权法，该版权法是旨在给予作者更多权限的法令，即《安妮女王法》，或《安妮法》，或《安娜法》。本部法律没有用该法的原名，而是用了当时在位的英国女王的名字。"在这个法令颁布之前，图书的版权由出版商所有，而不是作者"（百度网址）。后来这部法律经过了多次修改。从那时起，作者就是受法律保护的创作者，作为财产的文学作品的所有人。

决定作者是否可以寻求法律保护的关键因素是文本是否为原创，原创意味着作品不能是已经以印刷品形式存在的文本。作者的写作过程应该是独立的或个人的，为人类智慧带入新的元素。

后来，人们认为应该保护作家的创作火花，因为这代表了他们最初的可以产生一部原创作品的能力。这样一来，原创性作品的概念就能与作者的个性紧紧相连在一起。作品的原创性和作者的创作能力则被称为"著作权"的浪漫主义概念。

1.2 引　用

概括地说,引用指引用已发表或未发表的资料(不一定是原始资料)。引用的真正精神是作者特意承认他人的思想。换句话说,引文是缩写的字母数字式镶嵌在一个知识分子的作品中,在作品的参考文献部分,承认参照了他人作品。一般而言,文内注释和参考文献构成了引用。

引用具有多种功能。据 Swales' CARS(创建一个研究空间)(1990)模型,研究者开始写一篇文章要经过几个步骤,为研究做铺垫。当然,这些都要通过引用来实现。

第一步,"确定"研究范围,引用研究范围内已有文献。引文在第二步中也发挥很大的作用,即"确立研究空间",在研究范围内识别出可做更多研究的地方。例如,现有研究存在漏洞,从而为第三步介绍文章主题铺平道路。引用正确的材料可以增加文章的价值,同时也使研究变得更有意义。

引用分多种形式。但总体来说,引文分为"整体"和"非整体"两种类型。整体引文指原作者姓名作为句子成分出现在引用的句子中的引文。非整体引文指原作者姓名在引文结构之外的引文。整体引文突出作者,非整体引文突出信息。这两种方式可用两种方法呈现信息:原文引用和释意。

为方便操作和识别,本研究中的抄袭指不恰当地引用原文。借用他人的想法和语言而没有采用适当的引用则构成抄袭。

1.3 抄袭的定义

贾冠杰和邓漪涟(2014)对抄袭做了以下的分析。"抄袭"不是"引用",论文写作离不开引用他人的观点或方法,正当引用(或规范引用)是写作必需和必要的,但是,不当引用则极易导致抄袭。

"Plagiarism is presenting someone else's work as your own, including their language and ideas, without providing adequate credit"(Wikipedia)。《朗文当代高级英语辞典》(2011:1733)对"抄袭"(plagiarism)的定义是"when someone uses another person's words, ideas, or work and pretends they are their own"。哈佛大学将学术不端界定为:剽窃,未按要求进行合作学习,自我剽窃,作弊,花钱找代笔,或者翻译别人观点而未加注释,引用事实或观点而未加注释(马焕灵和赵连磊,2012)。Harris(2001)总结了11种最常见的抄袭行为,包括三大类:(1)无须花费精力,只需要花钱;(2)"复制",从复制整篇文章到剪切粘贴改动些文字,这些都属于直接文本抄袭;(3)抄袭的人在试图使用自己的表达,并没有意识到这也算是抄袭。学生有时由于没有意识到抄袭严格的规定而导致非有意抄袭,我们将这种抄袭视为间接文本抄袭。英语plagiarism的翻译是"抄袭"或"剽窃"(《朗文当代高级英语辞典》英英 英汉双解)。但是,有的学者并不同意二者相同的观点,并对"抄袭"和"剽窃"进行了区别(王燕平等,2013)。有些学者不用"抄袭"二字,而用其他术语,如:"文本挪用"(Shi,2008)、"文本借用"(Shi,2004)、"未标注引用点"(王燕平等,2013)、"复制比"(张军和赵清华,2013)、"学术失范"(武晓峰等,2012)、"学术不端行为"(方润生等,2013)。这里的"学生不端行为"包括"抄袭";有的用"不当引用""不当复制""非诚信行为"等来代替"抄袭"。我国教育部在《学位论文作假行为处理办法》(2012)的文件里用了"作假"二字,"作假"包括"抄袭",比"抄袭"更全面。本书采用"抄袭"术语,以强调该行为的严重性。抄袭就是使用他人观点和语言而不加以完整准确的合理标注。由于观点是比较抽象的,不易被检测出来,因此本书中所检测的抄袭仅包含文字的抄袭,我们关注的是文本抄袭,这一类抄袭在使用中最普遍,最容易识别。

Harris(2001)认为,抄袭就是"学术体内的癌症",尤其电子数据库和网络让抄袭变得更为省力。作者应该意识到"不管是有意还是无意,抄袭都会导致严重的后果,可能是一门课不过或是被开除,也可能是在法律上被起诉"(胡庚申,2000:148)。为了减少甚至避免抄袭,我们必须首先对抄袭及其成因展开研究。

对抄袭下一个精准的定义是十分困难的,因为在不同的领域和不同文化背景下的抄袭行为显然有别。然而,尽管不同领域的研究对自己领域的抄袭添加了一些具有特点的差别,但是有一些表述是通用的,如"引用他人观点的文字""不注明来源"等。Pecorari(2002,2008)通过对关于抄袭的53条定义的回顾,指出了这些定义的6个共同元素,从而构成了一个定义模型。抄袭的定义模型的六要素为:

- 客体(语言、文字、文本);
- 被施事者(学生、个人、学者);
- 从特定的来源(书籍、期刊、网络);
- 拿来(或借来、偷来等);
- 而不(充分的)标注;
- 造成的有意或无意的欺骗。

以下是部分词典关于抄袭的描述:

(1) take and use another person's thoughts, writings, inventions as one's own

(*Australian Concise Oxford Dictionary*)

(2) take and use (the thoughts, writings, inventions, etc.) of another person as one's own; pass off the thoughts, etc. of another person as one's own

(*Concise Oxford Dictionary*)

(3) in appropriate or use (ideas, passages, etc.) from (another work or author)

(*Collins Dictionary of the English Language*)

(4) steal and pass off (the ideas or words of another) as one's own: use another's production without crediting the source; to commit literary theft; present as new and original an idea or product derived from an existing source

(*Webster's Online Dictionary*)

综上所述,学术领域内的抄袭可以被简化定义为:使用他人的观点或语言而不加以完整准确的合理标注,或者所使用的观点和表达被认为是由别人首先提出的。由于观点比较抽象,不易被检测出来,因此本书中所研究的抄袭特指文字的抄袭。

1.4 抄袭的历史

抄袭具有长期的历史渊源。根据 Harris(2001)所述,在 16 世纪的英国,文学作家和诗人已经开始为自己的原创作品被抄袭而抗议,证明此时的创作者已经有了作者身份的意识。1710 年,英国设立了版权法。"抄袭"这一术语的英文 plagiarism 来源于拉丁文,意指掠夺。

在 18 世纪的英国,抄袭是指文字被人绑架或盗用,是一种违法行为。这种认知在英联邦前殖民地(如澳大利亚、加拿大、中国香港、印度、新西兰以及美国)被普遍接受(Sutherland-Smith, 2008)。

显然,在抄袭的概念刚出现的时候就已经和法律问题相关了。"抄袭"作为不道德的行为在中国已经存在了很长时间。plagiarism 的中文翻译一为剽窃,一为抄袭,都是贬义词。剽窃的字面意思是掠夺或者抄截他人的作品,抄袭是指复制、抄截(Liu, 2005)。

关于"剽窃"的遣词可以追溯到公元 700 年,《辞源》中记载,唐代著名诗人柳宗元曾用"剽窃"来对一些学者的抄袭行为表示谴责。同时期,另一位著名文人韩愈同样引用了这一短语来谴责抄袭(Liu, 2005)。因此可以推断,抄袭的概念在中国已存在了至少 1000 多年。然而,对抄袭及其错误性的认知并不能促使抄袭现象消亡,相反,在当今社会,学术抄袭是一个愈发严重的问题。

1.5 抄袭的种类

根据抄袭的定义,它具有多种方式和存在形态。对抄袭的一个普遍的认识是抄袭在两个层面上起作用:"一个层面是所谓的论文作坊,也就是一种提供学术论文写作服务的在线有偿服务。另一个层面则是文本抄袭,或者说是抄袭他人作品中的文本的一部分"(Flowerdew & Li, 2007b)。其中,前者难以用软件检测出来,除非论文作坊的代笔者也是抄袭了别人的作品。

最明显、最实质的一类抄袭是复制其他出版物的整篇文章、节段、段落、句子而不加以标注。事实上,即使只是挪用了一些词语或进行了改述(而不是逐字复制)而不标注出处也可能构成抄袭(CUHK 官网)。

部分学者提出了更加详细的分类。在《抄袭手册》中,Harris(2001)概括了 11 种最常见的抄袭种类,包括:

(1) 下载免费的学术论文;

(2) 从营利的论文作坊购买论文;

(3) 从网络或在线电子数据库中复制文章;

(4) 翻译国外网站上的文章;

(5) 复制当地来源的论文;

(6) 剪切粘贴多个来源拼凑一篇论文;

(7) 标注引用的文字比实际复制的少;

(8) 复制整个短语但改动部分文字;

(9) 改写而不标注归属;

(10) 概括而不标注归属;

(11) 编造出处。

上述所有抄袭的种类又可以进一步分成三个类别。第一类是上述第 2 条,在这一类别中所谓的作者根本无须花费精力,只需要花钱。第二类包括第 1、3、5、6、7、8 条,其关键词是"复制",从复制整篇文章到剪切、粘贴、改动一些文字,这些都可称为直接文本抄袭。第三类则包括第 4、9、10、11 条,需要一些精力和技巧。使用这种方法抄袭的人至少试图使用自己语言表达他人的结论,并没有意识到这也算是抄袭。学生有时由于没有意识到自己未遵守规定而导致非有意抄袭,这种可称为间接文本抄袭。

本书主要关注的是文本抄袭。另外,本书采用的抄袭检测软件 Turnitin 能够检测的也是文本抄袭。因此,本研究所收集到的所有数据显示的是直接文本抄袭的情况,这一类抄袭最普遍,最容易识别,行为也最恶劣。

1.6 导致抄袭的因素

就像抄袭有很多种类一样,学生学术不端行为发生的原因也有很多。先前的研究已明确了很多导致抄袭的因素,如大学低年级时未掌握正确的写作技巧、要求做好的内外部压力和文化差异。如果教师们不清楚什么是抄袭,这也可能会导致一些问题。教师没能很好地处理学生的抄袭行为会强化学生们的不诚实行为,无意中造成了不好的影响。接下来将阐述更多其他的因素。

1.6.1 文化视角

一些学者认为,东西方之间的文化差异可能导致英语二语学习者的抄袭。那么什么是文化差异呢?

抄袭不仅是对他人作品的剽窃,也是对他人知识产权的侵犯和对西方价值观的入侵。亚洲国家,特别是中国,倡导集体主义。在这些国家,取得集体共识比展现个人想法和能力更重要。好学生不会挑战自己的老师或其他权威,而是如实地复制和再现老师们的观点和看法。孔子的等级观念也反映在课堂里,在那里教师是权威,学生按老师的要求做事。

这样的学习方式与西方国家对学生的要求大相径庭。这就很好理解,容忍学生以这种方式分享知识的文化是不太可能阻止他们复制别人的想法而不说明来源的(Sowden,2005)。

此外,不同的国家教育体系也可能导致学生对抄袭存在不同的看法。西方人强调自我产生知识,不鼓励通过死记硬背、重复和模仿学习获得知识。然而,在中国,学生们被鼓励去背诵范文。中国有句老话:"熟读唐诗三百首,不会作诗也会吟。"意思是说,如果一个人用心去记这么多的诗歌,他就能模仿它们的风格,并写出接近原文的诗歌,而这在西方被看作抄袭行为。

1.6.2 发展角度

抄袭是二语学习者写作中出现的常见问题。二语学习者与英语本族语使用者不同,他们是英语的学习者。对于没有什么学术经验、阅读和写作能力不强的新手来说,完成一篇学术论文并非易事。

事实上,学术写作是非常困难的,因为它需要作者理解和整合好现有资源,在此基础上用自己的话语写出来。这就要求写作者有较高的认知能力和语言水平。写论文之前,首先需要收集关于所写话题的大量材料,同时,做广泛的阅读。这就是我们所说的阅读和写作。读写任务如此复杂,它给学生带来了很多认知压力。这就是为什么学生要前后反复查看源文本和自己所写内容,并决定如何适当地将自己所读材料写进自己的文章。将源文糅合进自己的写作从来都不是一件容易的事。

抄袭具有发展性,因此可能是写作发展的一个过渡阶段。对于初学者来说,复制是一种自然而有效的策略,以应付读写任务,发展写作能力,因而不应该简单地被批评并加以排斥。先前的研究已经发现澳洲、中国香港、北美和新加坡大学的本国学生和留学生对抄袭有不同的文化认识。

根据这种认识,Howard(1995)提出了 patchwriting,指学生保留源文结构,用自己的单词或短语替换原来的文字,但这种文章不能被当作研究论文的终稿。Howard 认为,对于二语学习者来说,patchwriting 是一个重要的发展阶段。在这种情况下的抄袭不是欺骗,而对学习过程起积极作用,它反映了学生有效写作的愿望。

1.6.3 其他角度

抄袭是一个复杂的问题,要用综合的视角在宏观的社会文化框架中来讨论。Pennycook(1996:204)认为,抄袭是"针对不同复杂问题的概括性术语"。因此,除了上述视角外,有必要从其他角度深入探讨抄袭的原因。

一个人的学术倾向对其是否去抄袭起着重要的作用。那些只想获得好成绩的人比那些倾向学习的人更容易卷入学术造假。

Wilhoit（1994）发现时间管理能力差和获得高分的压力是导致抄袭的重要原因，此外，懒惰也是其中的一个因素。他指出，越来越多地通过团队合作来完成任务可能导致学生抄袭。因为这样的环境可能会使学生对"可接受的合作"和"抄袭"的区别感到困惑。

有时，教师对学生抄袭的不当处置对其他学生起到了坏的影响。研究表明，一些不道德的学术行为经常会被教师忽视，或教师对其只进行了很轻的查处。这是因为老师不想卷入他们视为旨在裁决学术造假指控的校园行政程序。如实完成自己任务的学生看到这个现象，就会说服自己，不能允许因为其他学生欺骗或作弊没有被上报或惩罚而使自己处于不利地位。尽管许多人认为抄袭不好，但为了进行"公平的竞争"他们也采取相同的措施。

Roig & Detomasso（1995）的研究表明学生剽窃和做事拖延有紧密联系。Newstead 等（1996）发现，"讲义气，帮助朋友"是允许同学抄袭自己作品的最常见的理由。

1.7 相关研究

1.7.1 国外相关研究

研究表明，高等教育中存在不诚实的行为。从历时角度看，学术造假的行为一直在增加，或者说至少还没有减少。

早在 1941 年，Drake 就发现大学里每 126 人中就有 30 人作弊，占了 23%，到 1964 年，作弊比率上升到了 38%；Bowers 在 1964 年的一项研究中发现 50% 的被调查学生承认自己曾经有学术不端行为，涉及四种不端行为中的一种或一种以上（四种行为是"考试中抄袭他人答案、论文剽窃、提交他人成果和考试用小抄"）（Jackson，2010）。德国媒体曝光德国前国防部长古滕贝格在博士论文中大量引用他人文章，而未注明出处，存在严重抄袭现象。随后，古滕贝格承认论文撰写过程中存在严重错误，并于 2011 年 3

月辞去一切政治职务。论文的抄袭与剽窃不仅浪费了有限的学术资源,败坏了学术风气,而且对创建和谐社会构成极大的危害,已成为学术界的一大公害。为了肃清学术界的这种不良的风气,国内外学者开始重视重复率的研究。

近十年来,随着信息技术的发展,互联网抄袭已成为市民关注的大问题。一些研究人员发现,信息技术的数字化革命为学生获取大量资料提供了方便,即使他们没有读过很多的书、花过很多精力或发挥过自己的创造力。例如,杜克大学学术诚信研究中心做过一个调查,951教职员中48%的人认为互联网的使用加剧了抄袭,而13%的人认为越来越多的学生抄袭是由于互联网使用的增加。Scanlon & Neumann(2002)指出,他们的学生中有16.5%的人承认自己"有时"剪切和粘贴网络文本嵌入他们自己的文章中,而8%的人说自己"经常"或"很频繁"进行此类行为,50.4%的学生表示,他们的同学也都这样做了。

更惊人的发现是,学生们往往认为抄袭是轻微的、不严重的不当行为,说明他们有使抄袭合理化的强烈倾向。学生们似乎认为互联网上的资源不受抄袭规则的制约。

McCabe & Trevino(1997)在6096名大学生中做了一项研究,发现52%的人并不认为伪造参考书目或抄袭他人作业是很严重的不端行为。Hayes & Introna(2005)发现参与其焦点小组的所有英国学生视复制少量其他源文字不加引用是可以接受的。Yeo(2007)证明极高比例的学生抄袭电子资源,并强调本科生明显对此问题的严重性缺乏认识。

针对不同学科的抄袭而言,研究未能得出相同的结果。一些发现不同学科的抄袭情况有差异(Hu & Liu,2012)。Selwyn(2008)研究了英国大学10个学科的1222名本科生,结果显示抄袭存在明显的学科差异。例如,人文和医学学生比其他学科学生较少复制他人文本而不加说明。Borg(2009)对历史、语言研究、人文、法律和时尚学科的大学讲师的采访研究表明,"由于预期和学科间操作不同的原因,不恰当或超越互文性的解释也各不相同"。

然而，一些研究并没有发现抄袭有明显的学科差异。Chandrasegaran（2000）研究了35名新加坡文理科大学生，发现两类学生关于抄袭的知识和对抄袭的态度没有区别。Wheeler（2009）发现77名农业、经济、医药、科学和兽医学系的日本本科生对抄袭文本的态度也没有任何区别。Esra Eret（2010）通过实证研究的方法，探讨在高等教育中的抄袭现象，结果表明，尽管受试者反对抄袭，但是由于多种原因，他们仍会有抄袭行为。Paulo & Ana（2014）做了一项调查，为了了解人们对于抄袭的看法，他们调查了来自欧洲7个国家的170个老师和334位中学生，结果表明，学生和老师都知道抄袭行为是可耻的、不合法的，学生把抄袭的原因归结为便捷的网络资源获取途径，可是老师们却把原因归结为学生技巧的缺失、迫于获得高分的压力、懒惰及不会被发现的侥幸心理。

大多数英语期刊有关非本族语学生剽窃的研究是在英语为母语的环境中进行的，这些学生是英语的学习者。McCabe和Trrvino（1997）发现留学生学术不端现象比较严重，尤其在抄袭方面。

Sutherland-Smith（2005）在澳洲的研究发现，接受调查的ESL学生中有40%的人明白什么是剽窃；但是，当采访30名学生时，他们中超过80%的人认为通过从互联网上剪切和粘贴来完成学术论文是可以接受的。

Bloch（2001）采访了一些中国学生，他们认为发表在大众杂志上的文章的抄袭是可以的，只要不是发表在学术期刊上的文章。

上述研究表明，抄袭在西方国家高等教育中十分普遍，在互联网的帮助下愈演愈烈。不同的学科可能有不同程度的抄袭。英语国家的抄袭使我们想起了中国的情况。在中国，抄袭程度如何呢？英语专业学生论文的抄袭程度怎样呢？

1.7.2 国内相关研究

现在中国的科研经费世界排名第三，仅次于美国和日本。这些研究的投资得到了丰厚的回报：出现在同行评审的科学期刊上的中国文章从1983年的8%增加到了现在的10%以上。

然而,20世纪末以来,中国出现了许多学术丑闻。在20世纪90年代初,一些学者开始表达对中国高校学术失范现象的担忧。到90年代末,中国科技期刊对其发表的研究,尤其在抄袭方面保持高度警惕(Zeng & Resiuk, 2010)。

大中华区域内也展开了抄袭的相关研究。Hu & Lei (2001)从综合角度研究了中国学生对抄袭的认识和对抄袭的态度,结果显示,只有少部分学生(约35%)认为逐字复制他人作品为抄袭剽窃行为,更少的学生(约12%)把未加引用的释义确认为抄袭。这项研究也证明了学科间(人文社会科学与工程科学)剽窃存在差异。

香港科研诚信的研究中,学者们发现研究生在RCP(负责任的学术研究)活动之后,对学术道德方面的关键术语和概念了解更多了。

Shu (2012)研究了台湾地区的学术不端问题。这项研究表明,4.4%至28.3%的受访者在一年里至少参与了所列26种学术不端行为中的一种。但在Lin & Wen (2007)的研究中,各类失信行为比率为61.72%,与Shu的研究有很大的不同。

许多政府和非政府组织针对学术不端问题发布了科研诚信报告,成立监督委员会,调查科学研究中的道德问题(Zeng & Resink, 2010)。

从1998年到2005年,中国国家自然科学基金会(NEFC)成立了一个监督委员会,调查NEFC所赞助的研究项目中的不端行为。自然科学基金会调查了542起对不端行为的指控,发现60位受政府资助的科学家学术不端。伪造数据是最常见的问题,占40%,其次是抄袭(34%)和盗用数据(7%)(Zeng & Resink, 2010)。国内的学术抄袭现象也比较普遍,这一问题受到越来越多专家学者的重视。近年来,国内学术抄袭事件不断出现,如:汕头大学一教授因论文剽窃被迫辞职,中科院院士、四川大学副校长涉嫌论文造假,浙江大学副教授因论文剽窃被开除等(金伟,2009)。曲梅(2007)分析了学术造假中的急功近利现象,指出急功近利是导致学术造假的直接原因,熊壮等(2011)调查了硕士生学位论文复制比的主要影响因素,得出以下结论:导师因素、学术教育因素、学术行为监督因素、工作预期因素是影响硕士研究生学位论文复制比的主要影响因素。目前,国内对英语专业硕士研究生毕业论文抄袭行为进行实证研究的成果很少,只看到了贾冠杰和邓漪涟(2014)的论文,这篇论文是教育部人文社会科学研究规划基金项目的部分研究成果。

中国的大学和研究机构也纷纷采取措施应对学术不端行为。2001年,北京大学公布了调查和裁决学术不端行为的政策。到2010年为止,教育部所辖的75所高校中已有70%的学校采取措施加强学术道德建设。2008年清华大学开发了一个不端行为检测软件SMLC。各期刊和杂志在加强道德建设、抵制学术不端活动方面达成了共识,使他们的政策更加清晰。

我国教育部从2004年到2012年连续颁布了四个相关文件,制止学术不端行为:《教育部关于印发教育部社会科学委员会〈高等学校哲学社会科学研究学术规范(试行)〉的通知》(2004),并附《高等学校哲学社会科学研究学术规范》具体细则,《关于严肃处理高等学校学术不端行为的通知》(2009),《关于切实加强和改进高等学校学风建设的实施意见》(2011),《学位论文作假行为处理办法》(2012)。其力度之大,前所未有。

2007年1月,科学技术部成立了一个办事处,即科研诚信建设办公室,以应对科研道德问题。同年,中国科协公布了一份对付7种不道德行为的文件。

除了政府部门和社会团体颁发各类文件和材料外,人们做了更多的努力来尝试解决这个问题。一些研究人员强调提高学生的学术能力和创新能力的重要性,并认为这是永久性解决问题的关键。此外,关于学术诚信的一些书刊陆续出版了,其中杨玉圣和张保生(2009)的《学术规范导论》是中国第一本系统讲述学术规范的著作。他们指出,学术规范将在促进学术教育、学术积累、学术交流、学术自由、学术责任和学术创新中起到积极的作用。

一些学者从法规、管理和最新研究角度研究其他国家如何应对学术不端行为,希望从他们那里获得一些良好的建议。

总之,国内关于抄袭的研究主要体现在四个方面:抄袭的总体情况和学生关于抄袭的知识和对它的态度;应对抄袭的措施;学者们对学生的教育；一些研究人员如何向国外学习。

　　这些研究调查了抄袭率以及学生对抄袭的认知。参与这些研究的学生有母语环境中的英语学习者和其他普通学生。被采用的最常见的方法有问卷调查、访谈和自我报告。这些方法存在的一个问题是学生对自己是否作弊或抄袭的自我报告是否真实。就像Newstead 等(1996)评论道："这种研究的矛盾之处在于，它要求学生诚实地说出自己的不诚实。"至于实证研究，先前的研究只针对少数案例，其结果不具有代表性。因此，本研究试图用定量的研究方法探讨中国英语专业硕士研究生论文的抄袭情况。

1.7.3　关于母语使用者抄袭的研究

　　高等教育中的抄袭问题在近年来受到了大量的关注。许多院校都表达出对学术不端，尤其是对抄袭的担忧(Usick, 2004)。绝大多数提及学生抄袭的论文都是在一语环境下讨论这一主题的。这些研究揭示了作为母语使用者的学生抄袭现象的普遍性。

　　Hughes & McCabe（转引自 Usick, 2004）曾经做了一项网络调查，调查对象包含加拿大的 11 所大学。24% 的研究生参与者承认自己曾经从一些出版物来源中抄袭部分句子而不标注，22% 曾经抄袭网络来源，47% 的参与者认为自己在写作中出现抄袭的频率是经常或者很经常。在一项高等教育编年史中，1990 年到 2004 年的电子数据库的研究显示，有 272 个匹配的抄袭以及 292 个作弊(Usick, 2004)。Szabo & Underwood（2004）调查了一所英国高校不同年份中 291 个不同专业的学生，发现 20% 的学生明确地通过抄袭、34% 的学生可能通过抄袭来防止在一个模块的学习中不合格。McCabe（转引自 Evering & Moorman, 2012）通过对 14 所公立学校和 11 所私立学校的初中生的调查发现，34% 的学生会将几乎是原文照抄的文章当作自己的作品交上来，34% 的学生会抄袭一些句子而不标注来源。2005 年美国杜克大学学术诚信中心(CAI)发表了一份研究，其中显示接受采访的 5 万名本科生中有 40% 曾经通过网络进行抄袭，并且有 77% 的人并不认为这是个严重的问题(Anderson & Steneck, 2011)。尽管 89% 的学生意识到网络抄袭是错误的,但是仍有近 1/4 的人承认他们曾经有网络抄袭行为。另外,52% 的初中生承认有过网络抄袭行为,这也暗示着在这些学生进入大学后,问题可能会变得更加严重(Ellery, 2008)。

上述所有数据一方面强调了抄袭现象在一语环境中一直以来都存在,并且近年来愈演愈烈;另一方面也证实了这一现象涉及范围广泛,从初中生到研究生中都有所发现。但是,目前多数研究是针对本科生群体中的学术不端现象(Harris, 2001; Deckert, 1993; Culwin & Lancaster, 2001),只有少数在研究生群体中探讨这一问题(Love & Simmons, 1998; Usick, 2004)。有证据表明写作和引用技巧的缺陷并不仅仅是本科生的问题,在研究生群体中也普遍存在,研究生应当有更严格的学术道德规范,因此也该更加注重自己的引用行为,避免抄袭。

1.7.4 关于非母语使用者抄袭的研究

在所有研究中国学生抄袭情况的研究中,多数都是在一语环境下进行的(Currie, 1998; Shi, 2004, 2006; Sowden, 2005),他们的研究对象是生活在讲英语国家的二语学习者。Abasi & Graves(转载了 Flowerdew & Li, 2007b)对加拿大一所大学中的 4 名国际研究生进行了访谈来调查他们的行为是否受学校文本抄袭政策的影响。2006 年,他们又和 Akbari 一起观察了二语教育条件下 3 名以英语为二语的研究生。Shi (2012) 采访了北美一所大学的 48 名二语学生和 27 名教员来探究他们对抄袭的看法。Currie (1998) 调查了加拿大一所学校中的二语学生来证明抄袭的复杂性。

另外,也有一些关于中国学生的研究是在国内进行的。Hu & Lei (2012) 对 270 名中国大学生进行了调查,探究其对抄袭的认知及态度。张惠琴等(2008)则是调查了 219 名本科生,发现他们普遍缺乏对抄袭的敏感度。

国内的抄袭现象也屡见不鲜,例如,某英语出版物上一重点院校的博士研究生发表的文章中存在抄袭(Flowerdew & Li, 2007a);高晓薇(2007)所调查的本科生论文中,109 人(90.8%)承认他们偶尔(85 人)或经常(24 人)抄袭;程伟(2007)分析了 10

篇硕士论文,发现其中77.3%的内容都存在问题,并且没有哪一篇文章完全不存在抄袭。上述研究主要是通过问卷、调查及访谈的形式来探究学生对抄袭的态度和认识,以及抄袭的现象。

1.7.5 关于硕士论文的抄袭研究

国内英语专业研究生的硕士论文质量并不乐观,而抄袭就是其中的一个问题(孙文抗,2004;金晶爱,2007;杨明光,2007;张惠琴等,2008;盛国强和周永模,2011)。国内关于硕士研究生论文的研究近年来也有少量的成果。例如,杨明光(2007)的论文《英语毕业论文写作引用资料的合理使用》分析了英语毕业论文写作引用资料问题和论文写作引用资料应遵循的原则,指出英语毕业论文写作引用资料的合理使用是个不可忽视的问题,滥用或抄袭资料违反著作权法。该论文没有具体说明哪个层次的论文,泛指英语论文。方润生等(2013)的论文《硕士研究生学位论文学术不端行为的特征分析》对320篇全日制和在职文理学科研究生硕士论文进行了复制比检测,研究结果显示复制比小于或等于30%的论文占全部被检论文的85.3%,复制比31%~50%的占10.1%,大于50%的占4.6%。关于论文的质量,学术界主要从两个方面展开讨论:一方面是调查硕士毕业论文的现状,指出一些显著问题;另一方面是寻求对策解决这些问题。

至于硕士论文中存在的问题,主要有三个方面:首先,一些学者指出毕业论文中的不合理引用现象,并且认为引用行为与论文质量密切相关(钟伟珍和黄国文,1999;刘新民,1999;孙文抗,2004)。钟伟珍和黄国文(1999)的论文《英语专业研究生学位论文中参考文献的引用规范化问题》调查了广州地区几所大学1996年和1997年部分英语专业研究生学位论文中的引用情况,重点分析了英语专业硕士研究生的学位论文在引用中英文参考文献时存在的问题。文章认为,参考文献是研究生学位论文不可缺少的一部分,分析这些问题有助于改进英语专业硕士论文的写作,并希望这个问题能引起英语专业研究生和指导老师的重视。其次,学者们指出英语专业研究生的语言水平不足以完成一篇高质量的论文(高晓薇,2007)。最后,他们认为在撰写论文时,学生普遍缺乏创新性,应当提高学生的批判性思维(余国良,2007;丁艳雯,2010)。

这些文献都提及了抄袭的问题,但是只有少数研究是专门研究抄袭的。有的研究尽管探讨这一问题,但是也很少采用"抄袭"这一词语,他们更喜欢采用"文本挪用"(Shi,2008)、"引用行为"(程伟,2007)、"文本借用"(Shi,2004)、"语言的再利用"(Flowerdew & Li,2007a)等其他术语来替代。

1.8 小 结

过去的相关研究虽然对抄袭研究已经做出了贡献,但是仍然存在一定的局限性。首先,大多数研究的对象是学生发表在杂志上的文章或是本科生的论文,专门研究硕士研究生毕业论文的研究成果很少,而针对英语专业硕士研究生毕业论文进行抄袭行为的研究就更少。其次,之前的研究大多是综述类,少数实证研究采用问卷调查的方法,探究学生对抄袭的认识、自我评价以及态度,缺乏客观性等。有个别研究进行文本分析,但仅仅只是少量的人工分析。受先前研究启发,本书第三章、第四章和第五章选取的研究对象是英语作为外语的我国硕士研究生所撰写的毕业论文,能够展现中国二语写作的部分真实情况。本研究采用新的研究方法在线检测工具Turnitin开展研究,以确保数据的客观性。

第二章　语言错误

　　学习者在第二语言学习过程中所犯的错误是二语习得研究的一个重要课题。自20世纪60年代起,错误分析研究一直受到国内外学者的广泛关注。20世纪80年代,许多专家学者指出了错误分析存在的局限性,相关研究一度减少。但是近30年来,国内外有关错误分析研究仍然取得了新的发展,并与其他领域相结合,实现了新的突破。国内现阶段对于错误分析的综述主要是理论发展的综述,实证类研究综述大多还停留在10年之前,对于西方实证类错误分析的综述更是少见。根据对比分析论的观点,人们试图用母语与第二语言区别的大小来解释不同第二语言习得者能达到的不同水平。二语与母语差别越大,讲这种母语的人学习这种第二语言就越困难,母语对学习第二语言的"干扰"也就越大。如果外语教师了解这些,就可以清楚地知道,这种语言的哪些方面可能对讲某种母语的人造成特殊困难。这样,教师在讲授语言时,就能集中教授对学生最有益的语言结构(Wedell,1996)。但实际的研究结果表明,单靠对比分析显然不能解释为什么不同的人学习第二语言时表现出如此大的差异。错误分析材料的主要来源,就是对比分析法无法解释或预见的大量的语言错误。同时,White(见Wedell,1996)等学者发现只有30%的外语错误可以追溯到母语根源,其他70%的错误属于发展性错误,这与儿童习得母语时的错误十分相似。为了全面研究二语习得者的语言错误,错误分析(error analysis)研究方法应运而生,它是由S. P. Corder于1967年提出来的,此后引起了众多学者的关注和研究。

2.1 语言对比分析

二语习得研究中,与错误研究息息相关的研究方法有两种:对比分析和错误分析。

(1) 对比分析的发展

现代意义的对比分析理论的出现以 1957 年 Robert Lado 出版的《跨文化语言学》(*Linguistics Across Culture*)一书为标志。Lado 认为,第二语言的获得也是通过刺激、反应、强化而形成习惯。但与第一语言习得不同的是:学习者会有意识或无意识地借助第一语言的一些规则应用到第二语言中,这会对第二语言的学习产生干扰,也叫作"负迁移"作用。他认为学生最难掌握的是两种语言不同的地方;反之,相同的、类似的地方则比较容易掌握。因此,他主张对第一语言和目的语进行语音、语法等方面的共时对比,从而确定两者的相同点和不同点,预测学生有可能出现的错误。

(2) 对比分析的地位与作用

在 20 世纪 60 年代,二语习得领域还不像今天这样成熟,对比分析理论提出了对两种语言进行系统的比较和研究,这是一种进步。对比分析理论的研究人员相信人们能够找出母语和目标语的相同之处和不同之处,并会据此产生一种更有效的教学方法。Charles Fries(1945),当时的应用语言学领军人物,也提出最有效的材料是对母语和目标语进行科学的描述,并且在同一层面上将母语和目标语仔细对比。

对比分析法认为,二语习得之所以困难是因为母语和二语之间有差异。通过对比两种语言的异同,可以预测出二语习得中的易错点和难点。对比分析理论的出发点是:学习者比较容易掌握第一语言和第二语言相似的地方,但是比较难以掌握第一语言和第二语言相异的地方。对比分析方法在那个阶段极度风靡。人们普遍认为对比分析方法有助于教学、测试和科研。

对比分析假说在 60 年代曾占支配地位,欧美许多国家都成立了语言对比研究中心。后来认知心理学和转换生成理论出现,对比分析法开始衰落。

虽然对比分析理论仍饱受争议,但它的重要作用不可否认,在二语习得的研究中也有着不可替代的作用。此外,对比分析的心理学基础"迁移"到现在都是被广泛引用的,因而本书采用对比分析来解释语言的"迁移"也是有根据的。根据对比分析理论,目标语中存在而母语中缺失或不足的地方正是学习者的难点所在,本书据此来解释某些特定的错误。

2.2 语言错误分析

2.2.1 语言错误的定义

不同理论对学习者的错误在语言教学和学习方面的作用持有完全不同的观点:行为主义认为错误是"灾难",他们视错误为洪水猛兽,认为教师和学习者应该知道学习者可能发生的错误,并教会学生避免犯错误。在这个问题上,行为主义的观点太机械,不够"整体与深化"(彭永华,2003)。而认知主义持相反的观点:在语言学习过程中,语言错误是正常现象,没有人能在不犯任何错误的情况下学会外语。学习者可以从自己和同龄人的错误中学习进步。Corder(1973)认为,学生的语言错误在二语习得中是很有价值的。在某种程度上,错误是另一种进步,因此在二语习得过程中应给予错误足够的重视。

为了更好地理解对错误的研究,我们应该首先明确错误的定义。迄今为止,对"错误"还没有明确统一的定义,不同的专家学者有着不同的界定:

> Error:"the flawed side of learner speaking or writing. They are the parts of conversation or composition that deviate from some selected forms of mature language performance"(Dulay et al, 1982).

> Error:"a language form and combination of the forms which,

and under similar conditions of production wouldn't be produced by the learner's native speaker counterparts"（Lennon, 1991）.

Error: "an instance of language that is unintentionally deviant and is not self-corrigible by its author"（James, 2001）.

本书采用在语言习得领域被普遍接受的"错误"的定义,即:一个错误是一个无意的偏离规范的目标语言（an error is an unintentional deviation from the norms of the target language）（Ellis, 1985）。

2.2.2 对语言错误的不同看法

行为主义心理学将人类对语言知识与技能的掌握看成刺激与反应的产物,将语言学习看作一套习惯的形成。他们认为学生在使用外语的过程中产生的错误,是由于学习者尚未形成正确的习惯,外语学习的目标之一就是要使学生克服和纠正语言错误,比如:为了防止学生出错,教师让学生反复操练正确的句型,直到学生能够形成正确的习惯,脱口而出为止。以行为主义心理学为基础的听说教学法认为,教师最好把学生的错误消灭在萌芽状态,有错必须改,有错及时改,这样学生最终才能养成正确使用英语的习惯。而错误作为正确言语行为的偏差,是不可接受的,更谈不上有什么积极意义。

自 Chomsky 提出语言习得机制（language acquisition device）用以解释儿童为什么可以在 5 岁左右就基本掌握人类语言这一复杂交际系统之后,认知心理学对外语学习者所犯的语言错误的看法也发生了变化。认知心理学强调外语学习者的心理认知过程,认为外语学习无法用刺激反应模式做出令人满意的解释,学习是一个复杂的心理过程,而不是被动的反应。外语学习是一种建构体系的创造性过程,外语学习者不断检验自己关于目的语的假设,在不断的错误尝试过程中,错误是不可避免的,并有积极的意义。Corder（1967）指出,"A learner's errors are significant in that they provide to the researcher evidence of how language is learned or acquired, what strategies or procedures the learner is employing in the discovery of the language"(学习者的错误之所以有积极意义,是因为它们能够向研究者展示语言是怎样学习或习得的,展示学习者在发现所学语言的过程中应用了哪些策略和程序)。因此,外语教师在课堂上总是喜欢纠正学生错误的做法是不可取的。

2.3 语言错误的分类

错误是"当学习者还没有掌握学习内容时的系统性偏差"(Norrish,1987)。外语语言错误就是偏差或违反目的语规则的学习者语言形式。如何将语言学习者的错误分类一直是语言学长期争论的焦点,语言教学史上也曾出现过不同角度的错误分类方法,本节讨论其中的一部分观点。对于错误的分类,国内外学者有着不同的观点,本节讨论其中的一部分分类。

2.3.1 错误与失误

Corder(1967)将其分为错误(error)和失误(mistake)。错误与能力有关,而失误与表现有关,失误可以自我纠正,不反映知识系统的缺陷,而错误正好相反,反映知识的缺陷,不可以自我纠正。错误的出现是因为语言学习者没有完全掌握和内化语言规则,从而导致其语言偏离目标语的标准,即由于学习者没有掌握语音、词汇、语法等语言知识造成的错误;而失误则指语言学习者在实际运用语言知识过程中,由于心理紧张、语速太快、粗心、注意力分散等,在说话和写作时所犯的语言运用错误。Corder(1967)认为,错误是学习者语言能力欠缺的体现,失误则是学习者语言行为失败的表现。Corder的"错误"和"失误"概念与Chomsky所提出的"语言能力"(强调说话人所具备的某种语言系统知识)和"语言行为"(说话人在真实语境中语言知识的真实应用)相吻合。

语言错误和语言失误的差别如下图:

Deviate forms
- Errors: lack of competence (Consistent and unable to be corrected by the learner)
- Mistakes: failure of performance (Inconsistent and able to be corrected by the learner)

图 2.1　语言错误和语言失误的差别

Ellis（1997，2013）赞成 Corder 的观点，并指出，区分错误和失误表征的条件是如果同一个语言现象有时用对有时用错就是失误，如果一直用错就是错误，如果学习者能纠正他们的错误，就是失误，如果不能自我纠正，就是错误。请看下例：(1) The thought of those poor children were really … was really … bothering me.（想到那些穷孩子就使我烦恼。）(2) She teached me English.（她教我英语。）例(1)中的英语使用者不但觉察到了他们言语行为中不符合英语语法之处，而且纠正了它们。但例(2)中，学习者显然过度概括了英语动词过去时的形式。前者指的是语言使用层面上的失误，而在语言能力的层面上使用者是知道关于某一特定语言项目的正确用法的，例(1)中使用者自行纠正其语言行为就说明了这一点。例(2)中的语言使用不当在心理语言学研究中称为错误，学习者并没有意识到自己错在哪里，所以它们与学习者的语言能力（linguistic competence）有关，而不是语言使用（linguistic performance）层面上的问题。因此，错误也可称为"能力错误"，失误可以称为"行为错误"。如果同样的错误出现多次，我们就将它视为能力错误。例如，一位英语学习者说：Tom wills go. Tom mays come. Tom cans sing. 这 3 句话表明学习者尚未将英语中的情态动词与其他动词区别开来，他还没有掌握情态动词第三人称单数不需要再加 s 这一英语语法规则，因此这就成了能力错误，而不是行为错误。如果他第一次说 Tom wills go. 第二次说 Tom will go. 这种错误称为行为错误，因为讲话者自己本身可以纠正。

2.3.2　语内错误和语际错误

Gass 等（2013）认为，在错误分析框架内主要有两种错误：语内错误（intralingual errors）和语际错误（interlingual errors）。语内错误是由于所学语言产生的错误，独立于本族语，如 teached；语际错误是那些能够归因于本族语的错误，如 two book，这类错误是由于受汉语影响造成的。

2.3.3 整体错误和局部错误

Wedell（1996）把错误分为整体错误（global errors）和局部错误（local errors），并举出了两个例子。第一个例子是：English language use much people. 这句英语里有 3 处错误：少了冠词 the，much 应改为 many，主语和谓语颠倒。如果改为 The English language use many people. 人们还是不能理解。因为本句中最严重的错误是主语和宾语的颠倒，这类错误影响到全句的意义或句子之间的意义关系，因此会严重阻碍交际，这样的错误称为"整体错误"。另外一个例子是：Not take this bus we late for school. 在这一个句子里出现的错误是局部错误，如漏掉冠词、代词等。这类错误虽然影响句中组成部分的意义，但不像整体错误那样会阻碍交际。

"这种区分有一定的益处，它再次证明，第二语言习得者需要掌握句子层次上的语法系统和句法以上的系统，才能用语言顺利地进行交流。"（Wedell，1996）

2.3.4 前系统性错误、系统性错误和后系统性错误

Corder（1974）根据错误出现的系统性把错误分为以下 3 种：（1）前系统性错误（pre-systematic errors），出现在学习者并不知道在目标语中存在着相应的规则的情况下；（2）系统性错误（systematic errors），出现在学习者已经发现了这个规则，只不过它是一个错误的规则的情况下；（3）后系统性错误（post-systematic errors），出现在学习者知道正确的目标语规则，但不能总是正确使用的情况下。

2.3.5 语音错误、词汇错误、语法形态错误和句子或语篇结构错误

Dulay 等（1982）按照错误的语言范畴分类，把学习者的语言

错误划分为语音错误、词汇错误、语法形态错误和句子或语篇结构错误。上述错误是指违反或不符合语音、词汇、语法、句法或语篇结构规则和使用规则,而导致的语音、词汇、语法、句子或语篇结构的错误。

2.3.6 输入错误和交际错误

导致学习者语言错误的原因比较复杂,除上述原因外,按照语言错误的人为因素,还可以把错误划分为输入错误(教材、教师等人为的错误输入)和交际错误(学习者自身性格、学习习惯和缺乏交际策略而导致的输出错误)。

2.3.7 迁移错误和语内错误

Richards(1971)提出了三类错误,即母语干扰错误(interference errors)、语内错误(intralingual errors)、习得过程中错误假设(developmental errors)。Shachter & Celce-Murcia(1977)则把 Richards 的上述归类合并成两类:迁移错误(transfer errors)和语内错误(intralingual errors)(见 Ellis,2013:53)。

错误还可以分为系统错误(systematic mistakes)和行为错误(behavioral mistakes)。由于大家从不同的视角对语言错误进行分类,所以出现了多种不同的类型,但他们的共同点是不能对错误一概而论。在语言学习和教学过程中,一定要区分差异,分别对待。只有这样,学习者才能收到事半功倍的效果。

2.4 语言错误的来源

2.4.1 语际迁移(interlingual transfer)

学习者将母语中的规则、结构套用到目的语上,这种心理过程就是母语干扰。如:

虽然她年轻,但她工作干得很出色。

错误：Although she is young, but she works very well.

正确：Although she is young, she works very well.

2.4.2 语内迁移(intralingual transfer)

随着学习者在语言使用方面的不断进步，他们的语际迁移错误会越来越少，但会产生另一种错误。它们是由于学习者对目的语整个系统或某些方面掌握不全所引起的。中国人学英语的一个突出特点是英语冠词的使用不当。例如：

她是教师。
错误：She is teacher.
正确：She is a teacher.
胡萝卜是我最喜爱的蔬菜。
错误：The carrots are my favorite vegetable.
正确：Carrots are my favorite vegetable.

2.4.3 文化迁移(cultural transfer)

中西两种文化有很大的差异，人们有不同的信仰、观念、风俗、习惯等，初学者有时会将本民族的文化套用到英语中去，从而导致错误的产生。例如：中国人见到外国人喜欢询问对方 How old are you? Are you married?等，有时喜欢用 Where are you going? Have you had lunch?代替问候语 Hi, Hello 等。

2.5 错误分析的发展与错误分析的程序

2.5.1 错误分析的发展

根据对比分析理论，外语学习中所出现的错误主要来源于母语或第一语言系统的干扰，因而将第一语言和第二语言进行对比分析,可以找出它们的相异之处,相异之处也是习得中最困难的地方。进而可以预测和避免学生在外语学习中所犯的错误。然而,在20世纪60年代末和70年代初,随着外语教学研究的发展,人们愈来愈认识到对比分析在预测学习者错误方面的有限性。人们发现,外语学习者所犯的许多错误并不能完全地、准确地用对比分析的方法来预测。也就是说,只依靠系统地比较母语和目的语来预测和解释学习者的错误是不够的,外语学习中的困难和错误除了母语干扰之外还有其他因素。在这一背景下,出现了错误分析(Error Analysis)理论和研究方法。错误分析对产生错误的原因进行了更为广泛的探讨和研究,并尝试性地对此做出解释。1967年Corde的论文《学习者错误的重要意义》("The Significance of Learner's Errors")的发表标志着错误分析理论的开始。错误分析是对学习者在语言习得过程中所产生的错误进行系统的分析和研究,从而了解语言习得的过程与规律。Corder认为学习者的错误代表了学习者的学习过程,透过错误能够看出学习者语言学习处于何种状态。透过错误分析,教师们可以了解学习者对目标语的掌握情况及其所达到的阶段,还可以了解学习者是如何习得目标语的,有助于了解学习者在学习过程中出现的错误的原因和类型,知道他们在外语学习方面的薄弱环节和不足之处,从而有针对性地改进教学方法,调整教学计划和教学内容。

我国学者自20世纪80年代起对错误分析进行了研究,尤其对中国学生在外语学习中所犯错误的研究和实例分析有力揭示了中国学生外语学习的心理过程和规律,对开展和指导外语教学工作发挥了很大作用。

2.5.2 错误分析的地位与作用

Corder(1967)在《学习者错误的重要意义》一文中指出,从语言教学的角度来看,对学习者的错误进行分析有以下3个作用:

第一,了解学习者对目的语熟悉的程度。也就是说,教师如果对学生的错误进行系统的分析,便可发现学习者在向目的语接近的过程中已到达了哪个阶段,还剩下多少需要继续学习的内容。

第二,了解学习者是如何学习语言的。学习者的错误能向研究者们提供学习者如何学习和习得语言的证据,了解其在学习过程中所使用的学习策略和步骤。

第三,错误分析对学习者本人也是必不可少的,因此我们可以认为犯错误是学习者为了习得而使用的一种学习手段,它是学习者用来检验其对所学语言的本质假设的一种方法。

2.5.4 错误分析的程序

按 Corder(1974)的阐述,错误分析程序可分成以下五个步骤:

第一步:搜集分析的资料。

用来进行错误分析的资料主要来自外语学习者,可以是他们口头表达的内容,也可以是他们的书面练习。另外,我们还可以通过听力调查来获得分析资料。

第二步:鉴别其中的错误。

鉴别错误需从语法和交际两个方面进行,首先要看句子是否符合语法,如果不符合,则有错误;如果句子符合语法,还要进一步检查它在该交际语境中是否用得恰当,如果不恰当,也应看成错误。区别的确反映语言能力的错误(error)和"偶然场合"的失误(lapse)。其实,要准确地鉴别出错误并不是一件容易的事,即使具有本族语者的语感,人们也无法立即对错误做出判别,因为错误并不具备人们想象中那样明显可辨的特征,对错误的界定牵涉诸多的因素。

第三步:将鉴别出来的错误进行分类。

对错误进行分类的方法有两种:一种方法是先根据对学习者最普遍存在的问题所作出的一系列预想(preconceptions),建立错误的类别(如冠词的省略或误用、复数错误等),然后按已建立的错误类别对分析资料中的错误一一做出归类。这种方法操作起来既简单又快,但由于错误的类别是预先设计和建立的,不免带有一些主观性。另一种方法是先搜集错误,再按语法和语义问题的各种不同范畴将搜集到的错误进行分组,经过几次进一步的分组后,让错误自行确定类别。

第四步：解释这些错误产生的原因。

错误被鉴别出来，并做了分类后，接下来就需对外语学生为什么会犯这些错误做出解释。也就是说，要设法找出产生这些错误的原因。从目前的研究来看，产生错误的原因有很多：第一类是语际语言错误。这类错误是由于学习者把本族语的语言和文化习惯带到目的语的学习和运用中而造成的，也就是迁移理论中所指的语言负迁移。本族语的干扰在语音、词汇、语法和文化等方面都有所体现。在文化方面学习者由于不懂得目的语文化习惯，或所知甚少，在使用目的语时套用本族语的文化习惯而产生语言错误。例如：Teacher Li 这样的中国式英语就属这一类。第二类是语内语言错误。这类错误不是由于学习者的母语负迁移而造成的，而是因学习者对目的语规则理解错误或学习不全面而引起的。另外，在实际的语言运用中，由于受精神疲劳、注意力不集中、心情激动等其他因素的影响，人们也会出现口误、笔误或词不达意等一类的语言错误。此外，不当的教学或过分地强调某条语法规则的结构操练也会诱发学生犯一些语言错误。本研究也从以上角度剖析了错误原因。

第五步：评估这些错误的严重程度。

错误的严重程度是指错误对交际所产生的影响。影响的大小往往取决于错误的性质。有些错误对交际影响不大；有些错误会使交际渠道不畅，引起误解；有些错误则会严重到妨碍思想交流，导致交际渠道阻塞。

本节也将按照 Corder（1974）的观点，从以下几个步骤进行错误分析：(1) 搜集进行错误分析的语料，确定分析的范围和规模以及学生的年龄、母语背景、所处的学习阶段等；(2) 从所获得的语料中，鉴别出其中的错误，其中必须区分"错误"和"失误"，因为只有错误才是分析的对象；(3) 将鉴别出来的错误进行分类，并对每一类错误进行语法描述；(4) 解释这些错误产生的原因；(5) 评估这些错误的严重程度，以便为制订有效的外语教学计划和安排提供决策依据。

2.6 相关研究

本节从不同的视角分析研究了错误分析的国内外相关研究，由于总结分析的视角不同，可能其中个别文献会出现重复。

2.6.1 二语写作错误的相关研究

早期错误分析主要用于研究错误类型和原因。研究二语写作错误的原因就不可避免地提到母语干扰。Jones（1982）和 Zamel（1983）认为，母语的写作水平决定了目标语写作水平。Zamel 认为，目标语写作的缺陷正是母语的弱点。然而，Gumming（1989）认为母语写作水平和目标语写作水平没有一定的联系。Ellis（1994）则指出，高达 51% 的人在目标语中所犯的错误是因为受到母语的影响。李景泉和蔡金亭（2001）对中国学生英语写作中的冠词误用现象进行了研究。陈万霞（2002）对解放军外国语学院英语专业本科三年级 197 名学生的 394 篇作文，以弗斯的理论为依据，对搭配错误进行区分和研究。结果显示，语法搭配错误的比例高于词汇搭配错误的比例，看似简单的介词搭配也是学习者面临的一大难题。吴义诚和梅榕（2000）从认知心理语言学的角度对篇章翻译中的词句现象进行剖析，探讨了这些错误产生的认知心理因素。

2.6.2 基于语料库的语言错误研究

近些年来，国内外对错误理论的研究不断发展。国内的错误理论经历了从 20 世纪 90 年代泛化和概括的研究到 21 世纪初对具体研究对象进行量化分析研究的转变，与此同时，实证研究方法应用开始普及。

"中国学习者英语语料库"（CLEC）是国家社科基金"九五"规划项目，由桂诗春教授和杨惠中教授负责建设完成。该语料库收集了包括我国中学生作文、大学英语四、六级考试作文，以及英语专业低年级学生作文在内的一百余万词次的书面语料文本，是一部含有言语失误标注的学习者语料库。"中国学习者英语语料库"建立之后,基于语料库的错误分析研究增多。例如,肖旭月(2001)用 ConcApp6.0 检索工具从"中国学习者英语语料库"大学英语四、六级作文分库中检索出"拼写错误"4596 条,从中抽出 460 个拼写错误作为研究样本,并把这些拼写错误区分为语音变异型、形素置换型及造词型。林德华(2004)用语料库方法考察了"中国学习者英语语料库"中的从句错误,结果显示,这些错误可能是由母语负迁移导致的。

"中国英语学习者口笔语语料库"是由文秋芳教授带领她的研究团队建设的,该语料库始建于 2003 年,由国家社科基金项目"中国大学生英语口语能力发展的规律与特点"的数据库和教育部人文社科项目"中国大学生英语写作能力的发展规律与特点"的数据库组成,语料库的总规模为 200 万词次,由研究人员对其进行转写和错误标注。

2.6.3 硕士论文错误的相关研究

对英语专业的硕士论文的相关研究比较少。用万方和知网进行关键词检索也只有四篇和硕士论文有关的研究。王丹妮(2004)专注于探究硕士论文中的语篇错误。通过对两所院校的语言学和应用语言学两个专业的硕士研究生的 50 篇论文进行研究,依据错误分析理论,对其中的语篇错误进行了分析。刘敬伟和冯宗祥(2010)进行了基于语料库的对硕士论文中被动语态使用情况的研究,他们发现在英语专业硕士论文中被动语态的使用频率远高于本族语使用者。基于 Swales 的 CARS Model(1990),孙迎(2010)的研究旨在探讨硕士生的论文结构。经过分析,他发现,中国学生在科研空间上缺乏挑战性和有力的方法。他指出,学生的身份和文化背景可能是造成这一缺陷的主要原因。在对比分析理论的指导下,秦琳(2012)对 140 篇硕士论文致谢部分语篇结构的中西文化差异进行了相关研究,其研究为学术写作教学提供建议,帮助英语作为外语的学习者提高学术写作知识,改善致谢部分的写作。

对非英语专业的硕士论文的相关研究相对多些。例如，向婵（2006）主要调查了华中科技大学45篇非英语专业硕士论文结尾部分的共同特征。Hyland（1990）详细调查了65篇非英语专业硕士生的科研论文，发现的特征是代表了组织原则的三阶段结构：论点、论据和结论。大多数研究者关注非英语专业硕士生的论文有以下原因：(1)相对而言，非英语专业学生犯错的特点更容易被总结，因为相比之下，他们的词汇用语都相对简单。(2)研究常常受到可操作性的限制，因为非英语专业硕士生的论文比英语专业硕士生的论文多且容易取样，因此，很自然的，想要研究硕士论文的学者会更多地去研究非英语专业研究生论文中出现的错误。

总之，尽管硕士论文在英语写作中是很重要的一种写作，但这方面的相关研究很少，且大部分都是研究论文当中的一部分，比如摘要部分、致谢部分，很少有涉及全文的研究。鉴于这些事实，在本书中，作者对硕士生论文中的各类语言错误进行了研究，以期能带来一些有益的建议。

2.6.4 国外相关研究

自20世纪60年代，国外语言学家开始关注语言错误，半个世纪以来对它的研究经历了在对比分析中研究语言错误，对它进行独立研究，进而深入对错误反馈、语言纠错、纠错策略进行研究的发展历程（汪卫红和熊敦礼，2004）。20世纪70年代左右掀起了错误分析研究的高潮，但80年代许多学者指出了错误分析研究过程及研究范围等方面的局限性。Corder是较早研究错误分析的学者，Corder（1967，1971，1974，1981，1983）发表了一系列相关的文章和出版了相关的专著，为外语教学理论的丰富和创新、为应用语言学在英国乃至世界范围内的发展做出了卓越的贡献。Scott（1974）对阿拉伯英语学习者的写作进行错误分析，发现动词、介词和冠词是学习者最困难的部分。Mukattash（1978）对约旦英语学习者常犯的错误进行分析，结果显示，动词、冠词和介词在所有错误中比重最大。Connors & Lunsford（1988）对美国大学生所犯的语法错误进行研究，他们随机收集了300篇学生论文，标注所有错误,然后汇总出按频率排列的错误列表。Donahue（2001）复制了这个研究,不过研究的是英语作为第二语言的学生,他完全采用 Connors & Lunsford（1988）的错误分类,分析了随机抽取的200份英语作为第二语言的水平测试,研究表明,这两类人群展示出十分不同的错误模式,美国大学生最常犯的错误包括拼写、标点、代词等,而英语作为第二语言学习者最常犯的错误是连写句、错词和少词。Laufer & Waldman(2011)研究了三个熟练水平的希伯来本族语者英语写作中的动名搭配错误,发现这种错误在高水平学习者写作中依然存在。

20世纪90年代,错误分析研究倾向于解决错误分析中的具体问题,围绕语言错误反馈、语言纠错问题展开,主要回答了要不要纠错,如何纠错,纠什么样的错等问题。21世纪以来,错误分析研究则逐渐向纵深拓展,并与其他新领域相结合实现新的发展。错误分析对语言教学及二语习得方面的贡献是不可磨灭的,对它的研究仍在不断发展中。

20世纪90年代对错误分析的研究在数量上较以往呈现下降的趋势,从对错误分析的综合描述进而转为对错误分析研究中具体问题的探讨,主要围绕:(1)外语学习者的语言错误是否应该纠正;(2)怎样纠正;(3)应纠正哪些错误。尽管这些研究目前尚未取得一致结论,但它突破了以往错误分析研究的局限,是对错误分析研究的进一步扩展和深化。

关于纠错的必要性问题,大多数研究者认为语言错误分析能减少语言错误（Ferris, 1999）,增加语言使用准确性（Ferris, 1999）,提高语言使用的流利程度（Frantzen, 1995）。但也有少数研究得出相反的结论,如 Polio 等1998年的研究发现,对其作文进行纠错处理的一组与没有进行纠错处理的一组在写作准确度方面均有提高,但二者差异并不大。Truscott(1996)甚至指出,"纠错是有害的,应当禁止。"

目前关于如何纠错的研究也存在争论,争论的焦点则是纠错方法问题以及不同纠错方法的效用比较。从大的范围讲,有关于直接纠错与间接纠错两种方法的比较。所谓直接纠错,即语言教师直接帮学生把错误纠正过来；间接纠错则仅指出错误，由学生自己纠正。研究证据表明：从长期效应来看，间接纠错比直接纠错更有利于学生作文水平的提高(Frantzen,1995)。也有研究发现不同纠错方法之间无明显差异(Ferris,1999)。

关于对什么样的错误进行纠正问题的研究比较多。James(1993)针对威尔士英语学习者(主要是10岁左右的儿童)的写作错误进行分析。Nyamasyo(1994)运用语料库对肯尼亚大学预科班的学生写作中的拼写错误进行研究分析。Seferoglu(1995)对比分析了一个高级英语学习者和另一个中级英语学习者在母语相同情况下，两人对话中的语音错误。Ferris(1999)指出，学生最易在动词使用上出错，其次是句子结构、用词、名词词尾，排在最后的是冠词。

21世纪以来，错误分析研究继续向纵深发展，也开始引入一些其他工具和研究方法，并与其他领域结合找到新的突破点。Lee(2003)曾对206名香港中学教师展开调查，了解中学英语教师在语言纠错领域的实践，实现了研究对象上的创新。Marina(2005)指出了2003年和2004年母语非英语的作者所写科学论文中的语言错误，并对科技英语的准确性提出建议，这是从科技英语这一新兴视角出发的错误分析研究。Henry等(2007)通过对新入大学英语学习者进行不同体裁的写作测试，强调关注英语学习者的语用错误而不是语法错误，他采用了独特的研究工具，不同体裁之间的对比得出的结论是其创新点所在。Salem(2007)对以色列犹太人英语写作的错误进行分析，指出词汇语法连贯的相互依存性，词汇语法与语篇关系问题融合在一起讨论，可能会触发新的研究热点。Gressang(2010)对比分析了英语为母语的学习者和英语作为第二语言的中国、韩国学习者在写作中使用限定词、名词短语和语篇结构中的错误，研究对象相对而言较为广泛。Mohaghegh等(2011)借助其他工具，采用社会科学统计软件SPSS统计了60个大一英语学习者在翻译过程中出现的语言错误频率，结果发现由高到低依次为介词、关系代词、冠词和时态错误。Akarsu(2011)自建语料库分析土耳其的英语学习者口语材料，总结了口语错误的类型及影响因素。Taghavi(2012)探讨20个伊朗的初级和中级英语学习者写作中的错误,研究结果显示,最常见的错误依次为拼写、单词选择、动词时态、介词、主语和词序。他的研究对象主要是13岁至15岁的男学生,研究结果有助于认识和了解特定年龄阶段男生语言发展的特点,以期与同阶段女生的特点作比较分析。Reishaan(2013)针对伊拉克英语学习者的语法时态错误,进行错误类型、错误原因的分析,为英语教学提供启示。以上关于土耳其、伊朗、伊拉克这些欠发达地区英语学习者的语言错误分析若与发达国家语言错误研究进行比照,相信会有更多的发现。Pierce等(2013)对比了5个来自中国的国际领养孩子(收养时1岁)在接触英语3年后与母语为英语的学习者在儿童获得语法词素过程中的异同,发现国际领养孩子犯遗漏错误的频率较高。Doolan(2014)对比分析了英语为母语、英语为第二语言以及第1.5代移民(年幼时就移民到另一个国家的人)在写作中用词错误、动词错误的异同,指出第1.5代移民与母语为英语的学习者在学术语言上有很大差异。以上两项研究的对象非常特殊,国际领养孩子和第1.5代移民与母语学习者的那些差异正是二语习得研究应该关注的热点。

2.6.5 国内相关研究

我国二语习得领域错误分析的研究始于1994年。从1994年到2014年这20年中,国内有关错误分析的研究成果层出不穷。为了解该领域的研究现状、存在的问题及其发展方向,有必要对这些研究作一回顾。笔者在中国期刊全文数据库CNKI以"错误分析"为关键词检索了1994年至2014年总库,共有相关论文1883篇,数量非常大,实证类研究占绝大多数;在主要外语类核心期刊上发表的论文共有38篇,其中实证研究论文29篇,文献研究论文7篇,会议通知等2篇。本书主要对国内错误分析的实证类研究从研究性质、内容、视角和对象方面进行综述。中国学者对本科生和中学生错误分析的研究已有部分研究成果。如李景泉和蔡金亭(2001)研究了中国学生英语写作中的冠词误用现象;陈万霞(2002)研究了大学生英语搭配错误;李金红(2006)分析了3种英语学习者写作中常犯的错误,发现介词的错误使用比较严重;杨惠中等(2005)对6组中国中学生和本科生所犯的词汇和句法错误进行了全面研究,连写句、不完整句和结构缺乏是所有水平学生最常犯的错误;张文忠和杨士超(2009)研究了大学生和高中学生的英语动词和名词搭配错误;贾冠杰和乔良文(2014)基于英语专业硕士研究生毕业论文语料库研究论文中的语言错误。

2.6.5.1 研究方法和内容的不同

从研究性质划分,可以把实证研究分为三种:以数据材料为基础的定量研究,以访谈、观察等材料为基础的定性研究,以及两种方法兼顾的定量定性相结合的综合研究(包括基于语料库的研究)。

在错误分析领域,不存在纯粹的定量研究,而基于二语学习者语料库的综合研究得到了研究者们最大的青睐,研究者大多选用"中国学习者英语语料库 CLEC"作为语料来源。肖旭月(2001)以中国学生英语拼写错误为素材,采用语料库的概率统计和自然观察相结合的方法,探讨拼写取词的心理过程及语音表征在其中所起的中介作用,以期为心理词库的进一步研究和外语教学提供借鉴。李景泉和蔡金亭(2001)用语料库方法研究 CLEC 中大学英语学习者作文子语料库中出现的冠词误用现象。娄宝翠(2001)就 CLEC 中的大学英语学习者作文子语料库中学生写作的造词现象进行分析与讨论。除了选用"中国学习者英语语料库",也有不少学者选用其他的语料库。特别是汪卫红和熊敦礼(2004)在《错误分析研究回顾及其发展动态》一文中主要总结讨论了以下四个问题:对 EA 的早期研究、对 EA 研究的全面展开、当今有关 EA 的研究和 EA 研究领域的新尝试及有待继续研究的问题。程春梅和何安平(2008)研究高级英语学习者口语音段错误分析时,使用了两个口语语料库:何安平主持建立的"中国英语学习者中介语英语学习者口语语料库"和李文中主持建立的"大学英语学习者口语语料库"中的部分语料。另外一些研究者自建语料库对学习者的常见错误进行分析。徐丽丽(2012)使用自建的"英语专业学生历时笔语语料库",统计并分析了79名学生大一年级至大二年级6个学期里不断句失误的比例及其变化特征，对中国英语学习者中普遍存在的一种句式错误——不断句进行历时研究。贾冠杰和乔良文（2014）使用自建语料库对高校英语专业硕士毕业论文中的语言错误进行分析，语料包含从全国42所高校2006年至2008年硕士毕业论文中抽样选取的230篇论文。

大规模的语料搜集工作任务艰巨，不容易完成，有些错误研究是基于小规模的错误语料搜集以及一些语言实践观察及个案分析，如对实际收集的学生作文中的错误进行统计，分类，观察错误的分布、各类的比重，并从迁移、过度概括和简化等方面分析错误产生的原因，提出相应的教学策略。叶云屏（2002）对英语专业二年级49名学生作文中的错误进行了统计分析，结果发现学生在语法结构和遣词用字上存在较严重的问题，主要表现为词性和词的形式搭配不当和用法不当，句子结构比较混乱。有少部分研究是仅仅针对某个小样语料进行的个案分析。刘向红（2008）通过采用错误分析的研究方法，把非英语专业学生的一篇英语作文中所出现的错误，包括语内语言错误和语际语言错误等进行细致的讨论和分析。

涉及定性研究的错误分析较少见，比如刘绍龙（2000）依据中介语理论、错误分析理论，对我国学龄儿童及大学生的英语助词习得展开了纵向的跟踪调查和研究。通过对大量习得事实的搜集、描述和定性分析，指出了英语助词习得的动态范式。訾韦力（2005）通过基于非英语专业过渡时期大学生英语写作中的典型错误语料的定性分析，在英汉对比基础上系统分析母语对该阶段大学生英语写作中错误句子的潜在影响及句法迁移现象，从而说明过渡阶段的大学生中介语特征。

错误分析研究的内容通常可以从语音、语法、语义、语篇、语用等语言学层面来讨论二语习得错误，按照数据素材来讨论可分为：书面语错误分析、口语错误分析和翻译错误分析。书面语错误分析的研究涉及高频动词差错（苏红霞，2002）、冠词习得（闫丽莉，2003）、搭配及策略分析（李文中，2004）、派生词缀（崔艳嫣和王同顺，2005）、词汇误用（刘春阳和杨雨时，2006）、方位词up的隐喻概念(刘坤和刘华,2006)、非宾格动词被动化(莫俊华,2012;蔡金亭,2008)、介词错误(彭圆,2006)、指示语错误(胡文飞和李明远,2006)、冠词介词误用(孙莉莉和杨雪静,2008)、词汇性别差异(徐大明等,2008)、动词屈折变化(熊昕,2009)、从句错误(林德华,2004)、口语错误分析的研究涉及吞音(冯友,2005)、语篇时体(孙莉和蔡金亭,2005);翻译方面的错误分析研究主要是黄立波(2008)考察了翻译中人称代词显化现象。我们发现,基于语料库的研究主要针对学习者的词汇错误,从句子层面进行错误分析的不多见,主要有林德华(2004)用语料库方法考察了中国学习者英语语料库中的从句错误。从语音角度探讨错误的研究成果也比较少,例如,高霞(2006)分析了125名中国英语学习者的朗读实录样本,考察了他们在朗读中的各类错误,并据此探讨学习者的英语语音特征、朗读流利性特征和实词提取特征。程春梅和何安平(2008)通过合并建立中国高级英语学习者音段错误语料库,分析了高级英语学习者的口语音段错误。而从语篇角度进行研究的则更少,只有黑玉琴(2001)探讨了在外语篇章阅读理解中进行错误分析的方法。

2.6.5.2 研究视角和对象的不同

错误分析研究最常见的视角为语料库语言学视角,除此之外,还有心理语言学视角、认知语言学视角等。龚嵘(2007)基于词汇习得的认知过程、大脑词汇储存方式与词汇运用三项因素的相关性以大学生词汇错误为研究视窗探讨了认知因素对二语词库表征的影响。该研究关注词汇错误产生的心理过程,为心理词库表征的研究提供了新的视角。肖旭月(2001)以中国学生英语拼写错误为素材,采用语料库的概率统计和自然观察相结合的方法探讨拼写取词的心理过程及语音表征在其中所起的中介作用,针对学生英语拼写错误进行心理语言学分析。吴义诚和梅榕(2000)从认知心理语言学的角度对篇章翻译中的词、句误译现象进行剖析,重点探讨了导致这些错误产生的认知心理因素并在此基础上提出了为避免误译,译者必须运用的几种认知策略。

错误分析研究的主要对象有儿童、中学生、大学生、研究生等。

笔者在中国期刊全文数据库 CNKI 检索"错误分析"并包含"大学生""中学生""儿童""研究生",共统计大学生 396 篇、中学生 11 篇、儿童 2 篇、研究生 34 篇。

关于大学生的错误分析研究内容非常丰富,涉及朗读、语音、拼写、写作等各个方面,在此简述几个典型的研究分析。高霞(2006)通过分析 125 名中国英语学习者的朗读实录样本,深入考察了他们在朗读中的各类错误,并据此探讨学习者的英语语音特征、朗读流利性特征和实词提取特征。董俊虹(2005)针对大学生英语写作中语篇衔接与连贯进行了错误分析。程春梅和何安平(2008)运用语料库研究了高级英语学习者口语音段错误分析。

关于中学生的错误分析研究比较少见,研究主要针对学生的写作等书面语料为研究内容,其他方面的研究比较缺乏。俞静霞(2013)以教学实践中收集到的初三某班 20 名学生的书面表达错误为例,对错误进行描述、统计、分类,进行原因分析、归纳结论。张薇(2012)以初中二年级和高中一年级和二年级的学生为研究对象,以他们的作文为研究材料,采用定性分析并借助数据来分析研究中学生写作中的标点错误现状及产生错误的原因。

关于儿童的错误分析研究非常少,是错误分析最为薄弱的环节。王晖(2006)收集儿童英语学习中的错误,对其进行分析,探究其来源,从而提出教学对策。刘绍龙(2000)对我国学龄儿童的英语助词习得展开了纵向的跟踪调查,并与大学生进行对比分析。

关于研究生的错误分析研究主要有陶洪(2011),研究了非英语专业研究生朗读错误规律,发现这些研究生对英语语音知识缺乏系统的了解,语音基础比较薄弱,发音不准、辨音和读音困难。杜亚舒(2011)从中国知网随机抽取了 30 篇高校硕士毕业论文英文摘要为语料,采用定量的研究方法,统计出语料中各种衔接手段使用的频率、衔接错误的数目及错误率,并采用定性的研究方法,分析阐述部分衔接错误的特点,指出导致其产生的可能原因。贾冠杰和乔良文(2014)选取 2006 年至 2008 年高校英语专业硕士毕业论文中的语言错误作为语料,并在"985 工程""211 工程"和普通高校英语专业硕士生之间进行横向对比。

错误分析研究自20世纪60年代以来已经历了相当长时间的积淀与发展，取得了非常可观的成果，无论是在理论研究上，还是在实践检验中都已比较成熟，其蓬勃发展丰富和推动了二语习得领域的发展。但是从国内外相关研究综述来看，我们不难发现错误分析研究依然存在一些问题。笔者分别从性质、内容、数据、时间跨度、对象和视角上分别指出其不足。

从研究性质来看，关于错误分析，国内外实证类研究占绝大多数，尤其是基于语料库的研究近年在我国非常热门，但是大多数研究者在收集资料时只采用了某种单一的方法，例如，利用现成的语料库。另外，错误分析的定性研究非常少。

从研究内容来看，错误分析研究成果最多的是语法和词汇方面的研究，而语音和语篇结构的研究偏少。语音层面和篇章结构也是二语习得中非常重要的环节，这些方面的错误分析不容忽视。

从研究数据来看，错误分析的研究数据大多是书面语材料，主要是英语作文，缺乏对口语交际过程中语言错误的研究。除了口语语料之外，学习者在进行翻译过程中的译文也可以成为错误分析的语料。

从研究时间跨度来看，所有实证研究成果中只有刘绍龙（2000）是历时的跟踪调查，其余都是静态的共时研究。共时研究有其优点，但很难对学习者在其发展的不同阶段出现的不同错误作正确的描述。而历时研究则有助于发现二语习得阶段性的学习规律与特征。

从研究对象来看，现有的错误分析研究尤其是国内相关研究对象主要是大学生、中学生，对儿童的研究很少。另外，从针对研究生的错误分析研究结果来看，成人英语学习中的错误分析也不容忽视。

从研究视角来看，目前语料库语言学是错误分析中最常见的视角，认知语言学、心理语言学以及社会语言学等视角的研究相对较少，但是通过不同视角分析英语学习者的语言错误对更好地把握其发展特点有重要意义。

2.7 小　结

总之,国内外错误分析这一领域已经有了一定的研究成果,相信今后在国内外研究者的共同努力下,错误分析的理论和实证研究必将日趋成熟和缜密。本章通过对错误分析的研究,旨在为错误分析研究在新时期、新阶段、新领域的进一步开拓创新提供启示,为更多具有远见卓识的专家学者探索钻研错误分析抛砖引玉,以此推动二语习得研究的更大进步。

第三章　论文抄袭研究(1)

在科研和教育领域，抄袭问题愈加受到公众关注。研究生作为文化层次较高的群体，被人们广泛认为已具备本专业基础知识，应该懂得如何开展研究和合理使用参考文献，避免抄袭。但是前人的相关研究显示研究生毕业论文存在着诸多问题，因此开展本研究就显得十分必要。从目前的相关研究来看，前期的相关研究主要关注学生对抄袭知识的掌握和对抄袭的态度，很少进行大规模的实证研究。本研究采用实证研究的方法，对我国英语专业硕士研究生毕业论文的抄袭行为进行深入研究，旨在了解和掌握硕士研究生毕业论文抄袭的程度、学生对抄袭知识的了解和抄袭的原因，并提出相关的建议。

3.1　引　言

科学研究中的抄袭日渐成为一个国际社会共同关注的话题。随着信息技术的发展，越来越多的人采用复制、粘贴、加注、节录、引用、重新使用等方法写作。为了解中国国内论文抄袭情况，十分有必要深入研究英语专业研究生论文，因为英语专业研究生被普遍认为英语能力较强，同时了解写作规范。

2005年12月，美国《科学》杂志接到一封匿名举报信，称两位韩国教授关于人类胚胎干细胞的论文存在数据造假问题。《科学》是世界顶级科研杂志，拥有70万读者群。随后举报内容被确认属实，引起社会对科研诚信问题的热议。

与其他国家一样，近年来中国也遇到了科研诚信问题。2010

年,《自然》期刊第九期刊登了一则短消息,其标题是"中国期刊上31%的文章存在抄袭行为",颇引人注意,引起哗然。

"中国科学学术界的各种学术腐败(剽窃,伪造数据,一稿多投等)已导致国外期刊和编辑们对我们的强烈反应"(Li,2012)。

研究生是各自领域的潜在研究者,他们应该知道如何适当引用他人的想法和书面文稿以避免抄袭。Shu(2012)对中国台湾研究生的一项调查发现28.3%至44%的被调查者有学术不诚实行为,约18.7%至19.4%的人承认会抄袭。那么中国大陆的情况如何?研究英语专业研究生硕士学位论文,可以帮助我们更好地了解情况,从而促进日常教学。因此,中国英语专业硕士学位论文的抄袭问题成为本研究的重点。

本章目的在于研究中国英语专业研究生2000年至2002年毕业论文的抄袭行为。中国英语专业硕士学位论文将被收集起来,与语料库里的论文进行对比,获得抄袭部分的百分比。有关标准的详细资料写在方法论部分。结果会为读者呈现不同年份的抄袭率和不同小组学生论文抄袭的比较情况。另外,本章将开展问卷调查,了解学生对抄袭的认识,方便我们深入研究该课题。

本章包括五个部分:第一部分为简介,包括研究目的、意义和结构。第二部分语料库。第三部分介绍了这项研究的方法,借此作者分析了大量文本的相似性指数。第四部分报告分析的结果,回答每一个研究问题。第五部分是结论,总结了主要发现以及本研究的局限性和对未来研究的建议。

3.2 语料库

语料库是自然发生的语言的集合,包括书面文本或录音磁带,近来它已被用于文本搭配的存储和电子操作(Hunston,2002)。

从上面的定义中可以看出,语料库中存贮了大量真实的天然的语言材料,借此可以分析语言的各个方面,因此语料库已逐渐成为当今大部分语言学研究的组成部分。它们被广泛应用于应用语言学、翻译研究、词典学等。毫无疑问,语料库将为语言研究带来无限的可能性。

语料库是根据特定的目的创建起来的。有8种语料库：专业语料库、一般语料库、可比语料库、平行语料库、学习者语料库、教学语料库、历史或历时语料库和监测语料库（Hunston，2002）。

语料库语言学可以使语言学家用一种全新的方法研究语言，进行大规模的自然语言分析。基于语料库的方法也有其自身的特点。第一，它是实证性的，分析语言在自然环境中的实际使用模式。第二，它利用了大量收集起来的自然文本，即"数据库"，以此为基础进行分析。第三，大量地使用电脑进行分析，采用自动和交互技术。第四，依靠定量和定性分析技术（Biber等，2000）。

本章首先采用语料库的方法研究中国英语专业研究生毕业论文的抄袭率。然后，用问卷调查学生关于抄袭的知识和引起抄袭的原因。因此，本章将综合使用定性和定量分析研究方法。

本章中基于语料库的研究方法用在线工具Turnitin来检测抄袭率。互联网使学生更容易抄袭，但同时它也方便了教师对抄袭的检测。发现抄袭的电子方法已经随着信息技术的发展，从19世纪80年代的简单用户桌面应用程序，发展到今天的基于互联网的抄袭检测服务（Butakov等，2009）。

任何反剽窃软件都是包含相关材料的语料库。Turnitin.com，Glatt，W Copy Find，Integri Guard，Word Check和EVE2都是反抄袭软件，这些西方检测工具被广泛应用于学术界和出版界。在中国也有一些剽窃检测工具，知网和万方数据库都开发了相关软件。

用软件来检测抄袭率的好处已得到广泛认可。软件可以很快地将学生所提交的文本与网络上和自己数据库里其他人员先前提交的资料，包括网页文件、书籍、杂志的在线出版物、学术期刊、论文等进行比对，确定是否抄袭（Li，2012）。这是客观有效的方法，因为软件几乎可以与所有新信息保持同步更新且没有遗漏。

相关研究已经表明，抄袭现象颇为普遍，但这些研究多数通过问卷、调查或面谈的方式进行，且这些方法一定程度上都很主观，很少有研究通过直接分析文本来研究抄袭的。即使有研究分析文本，这些研究因规模小而不具有代表性。为了弥补前人研究的不足,作者将用实证研究的方法研究中国英语专业硕士研究生毕业论文的抄袭现象。在那之后,用问卷来调查研究生对抄袭知识的了解和可能导致抄袭的原因。

3.3 研究设计

本节介绍研究设计,包括研究的问题、使用的材料、采用的工具,数据收集的步骤和数据分析的方法。

3.3.1 研究问题

为揭示中国大学里研究生的抄袭现象,并找出不同小组抄袭现象的异同,本节将回答以下问题:

(1)中国英语专业硕士研究生毕业论文的抄袭程度如何?各小组间有什么区别和相似之处?

(2)学生对抄袭的知识了解多少?

(3)导致抄袭的原因可能是什么?

3.3.2 研究材料

本研究使用了两个语料库。一个是自建语料库,收集了2000年至2002年英语专业硕士研究生的部分论文。另一个是检测抄袭的工具Turnitin。Turnitin实际上是一个很大的语料库,包含巨大数量的文本资料。自建语料库里的论文将被拿来与Turnitin里的文本进行对比。接下来具体说明自建语料库和Turnitin的详细内容。

自建语料库包括734篇中国英语专业硕士研究生2000年、2001年和2002年3年的毕业论文。这些论文来自他们的老师、朋友、中国优秀硕士学位论文数据库和万方数据库。根据毕业年份、学校类型和专业,这些论文被分成不同的小组。

收集这些论文出于以下3点考虑。第一,虽然学科间是否存在抄袭差异有很多争议,集中研究一个学科更好。第二,英语专业硕士生学习英语近十年,代表了各类学生英语的最高水平。平时学校会要求他们用英语写文章,一般我们认为他们比较熟悉如何进行学术写作,而本科生和他们不同。"中国的本科生一般只需要参加书面考试,考试内容来自课本和教案,而在西方国家,大部分课程都要求本科生撰写研究论文或课程报告"(Deng,2013:23)。通常我们认为硕士论文的质量比本科生论文好。第三,人们对研究生的学术能力期待较高,研究生教育也是专业教育。他们将来很有希望成为专业的研究者,而专业研究人员的学术不端行为可能会被忽视,所以研究他们的论文是有价值的。

此外,中国的大学分不同级别,根据级别获得不等数额的政府资金支持。"985 工程"高校被认为是最好的大学,它们享有的教育经费最多,其次是"211 工程"院校和其他普通高校。拥有更多资金的大学可以提供更好的教育和吸引优秀的学生。在不同学校享受不同教育的学生被认为掌握了不同的写作技巧,其对抄袭认识也不一样。作者尽了一切努力收集尽可能多的大学的论文,使语料库数据更有代表性,更令人信服。

3.3.3 研究工具

这项研究涉及两个语料库和两份调查问卷。第一个语料库是自建语料库,包括 734 篇英语专业硕士研究生的毕业论文;第二个语料库是 Turnitin,一个基于网络的剽窃检测程序。本章将使用 Turnitin 检测自建语料库里论文的抄袭率。

3.3.3.1 Turnitin

Turnitin 在 126 个国家有 875000 位教育工作者和数以百万计的学生在使用这个程序。它拥有最大的数据库,超过 400 亿的网页页面,超过 3 亿份学生论文和文章,11 万以上的周刊和书籍,一亿多篇博硕士论文(Turnitin 白皮书,2012)。与如此庞大的数据库相比对获取的相似性指数具有较强的说服力。另外,原创性检测时有多种检测方式和类型,用户可以根据需求做出选择。因此,人们可以通过去除参考书目和引述部分确定最终出现在原创报告中的信息。

Turnitin 判断论文是否抄袭的依据是:作品是否由作者自己创

作并用作者自己的话来写,如果没有,该作品是否做了恰当引用。《Turnitin 白皮书》中的抄袭谱(2012)根据常见情况列举了 10 种抄袭类型(见附录二)。

自建库里的论文将拿来与 Turnitin 里的文本进行比较,根据 Turnitin 的标准,看看这些论文是否存在抄袭,如果存在,比率多大。

3.3.3.2 两份调查问卷

之后,在 32 名研究生中进行匿名问卷调查,了解他们对抄袭的认识和可能导致学术不端行为的原因。参与问卷调查的所有人都是最近几年毕业的英语专业研究生,且大部分人来自"211 工程"高校。他们的毕业论文不在自建数据库中。这项调查包括两份问卷。问卷一基于 Song-Turner(2008)的问卷,同时作者增加了一些定义。这份问卷描述了写作的各种情况,以测试学生对抄袭知识的了解。参与者被要求判断所列的每一种情况是否属于"抄袭",或者表示他们"无法确定"。问卷二旨在找出抄袭的原因,要求他们选出导致抄袭的因素。调查之后进行小组讨论,以更好地理解他们的看法。

3.3.4 数据收集步骤

首先,从中国优秀硕士学位论文全文数据库和万方数据库按年份、学校类型和专业随机下载硕士学位论文,同时也从老师和朋友处收集一些论文,这几方面合起来总共是 734 篇论文。表 3.1、表 3.2 和表 3.3 列出了这些论文的详细情况。

表 3.1　不同年份的硕士论文分布

		频率	百分比	累计百分比
有效	2000	123	16.8	16.8
	2001	304	41.4	58.2
	2002	307	41.8	100.0
	总和	734	100.0	

表 3.2　不同类型学校的硕士论文分布

		频率	百分比	累计百分比
有效	"211 工程"高校	235	32.0	32.0
	"985 工程"高校	174	23.7	55.7
	普通高校	325	44.3	100.0
	总和	734	100.0	

表 3.3　不同专业的硕士论文分布

		频率	百分比	累计百分比
有效	应用语言学	226	30.8	30.8
	理论语言学	192	26.2	56.9
	翻译研究	140	19.1	76.0
	文学	176	24.0	100.0
	总和	734	100.0	

其次，从互联网上直接下载的论文无法直接用 Turnitin 来分析。所下载论文都是 PDF 或 NH 格式，Turnitin 不接受这类格式文档。PDF 分两种类型：图像形式的 PDF 和文字形式的 PDF。只有文字形式的 PDF 可以被识别并成功上传。但是，我们无法判断哪些为图像形式哪些为文字形式，除非一个个打开来看，而这显然很浪费时间。为方便起见，所有的论文都被转化成文字形式。各种格式的论文先用虚拟打印机转化成 PDF，然后用 ABBYY-FineReader 软件转换成 Word 形式。文字版论文删除了前言、摘要和参考文献。

最后，这些论文被批量上传到 Turnitin。不久，相似性指数就出来了。论文的文本被标明不同颜色，显示在屏幕右侧一栏，不同的颜色对应不同的网址链接，打开链接即可查到该文本的最初处。

然而，这里收集的论文是 10 年前完成的，应该与十几年前的数据相对比。例如，一篇 2002 年的论文不能与 2002 年之后完成的论文相对比，只能与 2002 年之前的论文相比，因为抄袭所在年份之后的论文是不可能。因此，要手动从"匹配概述"中删除 2002

年到目前为止的数据。比对之后将得到四组数据：相似性指数、来自互联网的比例、来自出版物的比例和来自学生论文的百分比。

这四组数据反映了硕士研究生学位论文抄袭的总体情况，在数据分析部分将进行详细的分析。

3.3.5 数据分析

用 SPSS17.0 来分析所获取的数据。通过描述性分析、单样本 t 检验和相关性等方面分析获取抄袭在不同年份的趋势、各年份抄袭的异同。此外，将分析问卷调查进行描述性统计。

3.4 结果与讨论

本节报告数据分析的结果，讨论所得发现，回答前面提出的研究问题。首先呈现研究年份每年的抄袭情况，接着按年份、学校类型和专业比较各小组的抄袭。

3.4.1 抄袭的描述性分析

3.4.1.1 抄袭程度

文本由在线检测工具 Turnitin 来分析，得到四组相似性指数的数据。相似性指数指剽窃别人论文的部分占全文的百分比。如果该指数为零，证明本文完全是原创且引用十分合乎规范。如果指数是 1 或大于 1，则该文本的独创性存在一些问题。相似性指数越高，说明抄袭越严重。四组数据是总体相似性指数、来自互联网的比例、来自出版物的比例和来自学生论文的百分比。表 3.4 是 734 篇论文的描述性说明。

表 3.4 733 篇论文相似性指数的描述性说明

相似度		数据值	标准误差
	平均数	23.0246	.40450
	中位数	22.0000	
	方差	119.937	
	标准差	10.95155	
	最小值	1.00	
	最大值	65.00	
	范围	64.00	
	偏度	.600	.090
	峰度	.400	.180

734 篇论文中有一篇因为某些数据丢失,在统计分析中被排除了,总共 733 篇是有效的。如表 3.4 所示,抄袭的最小值为 1.00,最大值为 65.00,表明本章研究的所有论文都存在一定程度的抄袭,最大最小值相差 64。平均相似度为 23.0246%。为反映整体现象,本节使用平均值。整个样本偏度为 0.600,小于 1.00,属正态分布,表明数据分布合理,可以进一步分析。

每篇论文的相似度各不相同,论文之间相似度相差很大,无法单篇分析,必须对数据整理分类。一些大学已经宣布了处理抄袭的政策措施,而实际上每个大学认定抄袭的标准并不相同。有的规定相似性指数超过 15% 或 20% 的论文被视为抄袭,而有的大学的标准是 24.9% 或 30%(见附录二)。综合各学校规定,自建库论文按其相似度指数被分为四个等级:0~20%(合理复制),21%~30%(轻微抄袭),31%~45%(中度抄袭)和 >45%(严重抄袭)。

相似度小于 20% 的论文被认为是合理的引用,作者可以直接参加毕业论文答辩。相似度大于 21% 小于 30% 的论文答辩前需要做一些修改。相似度大于 31% 小于 45% 的论文,答辩前需要做大幅度修改。相似度大于 45% 的论文被认定为严重抄袭的论文,不允许参加答辩。这些都是针对总相似度而言,并非各来源比率。

表 3.5　不同抄袭等级的频数

	百分比	频数	百分比	累计百分比
有效	0~20(1)	334	45.6	45.6
	21~30(2)	236	32.2	77.8
	31~45(3)	140	19.1	96.9
	>45(4)	23	3.1	100.0
	Total	733	100	

表 3.5 显示,45.6%的论文重复率低于 20%,属于合理复制,根据大多数高校的规定,这些论文不构成抄袭。32.2%的论文属于轻微抄袭,19.1%的论文为中度抄袭。这两种类型的论文都要求学生答辩前修改论文,以达到学校标准。3.1%的论文为严重抄袭,这些学生无法参加答辩,无法按时毕业。

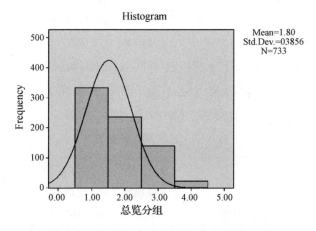

图 3.1　四组论文的相似度分布的直方图

图 3.1 是每组相似度论文的分布图。图 3.1 显示,只有不到一半的学生遵守学校政策,大多数学生写论文时有抄袭现象。幸运的是,不同层次的抄袭的频数呈下降趋势。从图中我们可以推断,大多数学生的学术不端行为是可以控制的。但是,我们仍然需要面对一个事实,即一向被认为有较多知识且语言能力强的研究生,他们论文抄袭的情况比预期严重。这也说明有必要做更详细的研究。

3.4.1.2 抄袭来源

每篇论文的检测报告包含了抄袭的三个来源:互联网、出版物和学生论文。互联网指可公开访问的互联网(超过50亿网页的索引);出版物是期刊、杂志和出版物数据库数以百万计的已发表作品;学生论文指1996年以来提交到Turnitin的论文(Deng, 2013)。

表3.6 三来源的描述统计量

描述统计量	数量	重复比均值(%)	标准差
互联网	733	17.97	8.98
出版物	733	9.09	7.27
学生论文	733	11.64	8.21
有效数量	733		

从表3.6可以看出,来自互联网的抄袭部分的平均比例为17.97%,学生论文(11.64%),出版物(9.09%)。互联网排名第一,符合人们的预期,因为现代技术的发展使得学生很容易转向互联网寻求帮助。出版物是专业书籍,须完全读懂之后学生才能写进自己的论文中。这比较耗时耗精力,因此排第三位。

表3.7 三来源的相关性

相关性		互联网	出版物	学生论文
互联网	皮尔逊系数	1	.467**	.643**
	Sig.(双尾)		.000	.000
	数量	733	733	733
出版物	皮尔逊系数	.467**	1	.550**
	Sig.(双尾)	.000		.000
	数量	733	733	733
学生论文	皮尔逊系数	.643**	.550**	1
	Sig.(双尾)	.000	.000	
	数量	733	733	733

**相关性在0.01水平时显著(双尾)

表3.7是三个来源的相关性分析,有三组数据:数量、皮尔逊系数和Sig.(双尾)。数量为分析样本测试数目;Sig.(双尾)指计算的意义,.000表示这是一个有意义的分析,各检测事项之间存在相关性。表中所有Sig值为.000,说明表中所列三个变量两两呈正相关。皮尔逊系数与各变量间关系亲密程度有关:强或弱。统计学中相关的标准:系数低于0.2,表示相关性太小,一般忽略不计。系数大于0.2小于0.4指相关性很低。系数在0.4和0.7之间时,两变量具有相对显著的相关性。当该值在0.7和0.9之间时,这两个变量存在极大的相关性。超过0.9时两变量间达到最近的相关性,这种情况比较少见。表中所有皮尔逊系数都在0.4和0.7之间,因此我们可以得出结论,即互联网、出版物和学生论文间呈现中度相关性。

3.4.1.3 不同年份的抄袭

为寻找不同年份之间抄袭的关系,我们对收集起来的2000年至2002年数据做了一些分析。

表3.8 各年份重复率的描述统计量

描述统计量	数量	均值	标准差	方差	峰度	
毕业年份	统计数字	统计数字	统计数字	统计数字	统计数字	标准误差
2000	123	21.3010	10.48494	109.934	1.488	.433
2001	303	22.4818	10.41803	108.535	.649	.279
2002	307	24.2704	11.52385	132.799	-.003	.277
Total	733	23.0246	10.95155	119.937	.400	.180

表3.8是各年份重复率的描述性统计量。由于可得到的2000年的论文数量有限,作者只收集到了123篇论文,占整体样本的16.8%。2001年的论文为303篇,与2002年数量差不多。这三年的平均重复率分别是21.3%、22.5%和24.3%。显示抄袭处于一个温和的上升趋势,抄袭现象愈加严重。

表 3.9　三年重复率的单样本检验

	单样本检验					
	测试值是 23.0246				平均值差值95%的置信区间	
年份	t	自由度	Sig.（双尾）	均值差异	Lower	Upper
2000	-1.823	122	.071	-1.72359	-3.5951	.1479
2001	-.907	302	.365	-.54275	-1.7205	.6350
2002	1.894	306	.059	1.24576	-.0484	2.5399

表 3.9 是单样本检验,将 2000 年、2001 年和 2002 年的平均重复率与整个样本平均重复率做比较。测试值是平均重复率23.0246,所有其他值与 23.0246 做比较。这 3 年中,Sig. 值都大于 0.05,表示这 3 年的平均值差别不大。t 值可以告诉我们更多的信息。当 t 大于 0 时,意味着该组均值高于测试值,反之则低于测试值。2000 年和 2001 年的 t 值均小于 0,显示在这两年的平均值低于 3 年总平均水平,表明这两年学生表现很好。然而,2002 年论文平均重复率高于 23.0246,说明该年份的论文不如过去两年的论文。

表 3.10　不同年份的重复率

		频数	有效百分比	累计百分比
有效 2000	0～20%	63	51.2	51.2
	21%～30%	42	34.1	85.4
	31%～45%	14	11.4	96.7
	45%～100%	4	3.3	100.0
	总计	123	100.0	
		频数	有效百分比	累计百分比
有效 2001	0～20%	139	45.9	45.9
	21%～30%	104	34.3	80.2
	31%～45%	53	17.5	97.7
	45%～100%	7	2.3	100.0
	总计	303	100.0	
		频数	有效百分比	累计百分比
有效 2002	0～20%	132	43.0	43.0
	21%～30%	90	29.3	72.3
	31%～45%	73	23.8	96.1
	45%～100%	12	3.9	100.0
	总计	307	100.0	

表3.10是每年重复率的分布情况。3年中重复率低于20%的论文分别占51.2%、45.9%和43.0%。前两年下降较多,第三年下降稍缓,说明根据学校规定完成学术写作的学生数量在减少。换句话说,抄袭的学生比例从2000年的48.8%上升到2002年的57%。

从抄袭的不同层次来看,轻中度抄袭的百分率分别45.5%、51.8%和53.1%,大部分学生的抄袭属于这两种类型。这意味着未按照学校规定写作的学生中,大多数是轻中度抄袭,在可控范围内。严重抄袭的比例,从2000年的3.3%缓慢下降到2001年的2.3%,2002年时又上升至3.9%。总体来说,2002年的情况比前两年糟糕。

3年中,来自互联网的抄袭居首位,比出版物和学生论文高出许多。学生论文排第二,出版物排第三。3年之内,3个抄袭来源平均值明显高于之前年份,与抄袭整体更加严重的情况相对应。来自网络资源的增长速度快于其他两个来源,这可能是由于学生更容易获得网络资源。此外,也可能与较普遍的想法有关,即互联网上的信息可以免费共享,只需剪切粘贴。抄袭自学生论文可能与最近几年越来越强调的学生间的合作有关。一起合作完成任务的学生共享数据,可能写出相似的文章,被认定为文稿抄袭。更重要的是,学生论文也可能指他本人以前的文章,对于学生来说,很难意识到引用自己先前的文章也要加引用。

表3.11 各年份三来源的重复度

毕业年份		互联网	出版物	学生论文
2000	平均值	16.07	8.37	10.71
	数量	123	123	123
	标准偏差	8.38	7.48	7.76
2001	平均值	17.58	9.01	11.11
	数量	303	303	303
	标准偏差	8.41	7.31	8.35
2002	平均值	19.11	9.47	12.53
	数量	307	307	307

续表

毕业年份		互联网	出版物	学生论文
Total	标准偏差	9.61	7.14	8.18
	平均值	17.970	9.09	11.64
	数量	733	733	733
	标准偏差	8.98	7.27	8.21

3.4.1.4 不同类型学校的抄袭

为调查不同类型学校的抄袭,作者做了以下分析。

表3.12 三种类型学校重复率的描述性数据

	数量	平均值	标准差	方差
"211工程"高校	235	22.47	10.55	111.33
"985工程"高校	173	22.94	11.56	133.70
普通高校	325	23.47	10.92	119.15
有效数量(列表)	733			

表3.12 显示了三类大学的抄袭率。普通高校的平均重复率为23.47%,其次是"985工程"高校的22.94%和"211工程"高校的22.47%。这意味着普通高校学生的抄袭比例高于其他两种类型的学校。但"211工程"高校和"985工程"高校的论文抄袭率没有太大差别。

表3.13 三种类型学校重复率的单样本检验

	单样本检验					
检验值为23.0246					平均值差值95%的置信区间	
	t	自由度	Sig.(双尾)	均值差异	低	高
普通高校	.742	324	.459	.44925	-.7419	1.6404
"211工程"高校	-.809	234	.420	-.55651	-1.9126	.7996
"985工程"高校	-.100	172	.920	-.08818	-1.8234	1.6470

为揭示三类大学和样本中3年所有论文之间的关系,作者进行了单样本检验,检验值为23.0246。结果显示,普通高校学生论文抄袭率高于3年平均值,其他两种类型的大学论文抄袭率都低于3年平均水平。但表中所有Sig.均大于0.05,表明它们之间没有显著性差别,本质上是一样的。

表 3.14　三类高校平均重复率的相关性

		相关性		
		普通高校	"211 工程"高校	"985 工程"高校
普通高校	皮尔逊系数	1	.005	.014
	Sig.（双尾）		.941	.856
	数量	325	235	173
"211 工程"高校	皮尔逊系数	.005	1	.148
	Sig.（双尾）	.941		.052
	数量	235	235	173
"985 工程"高校	皮尔逊系数	.014	.148	1
	Sig.（双尾）	.856	.052	
	数量	173	173	173

表 3.14 是三类大学抄袭率的相关性。根据之前给出的标准，Pearson 相关系数低于 0.2，表示被测变量之间没有关系，我们可以得出结论，这三种大学的抄袭相互之间没有关系。

表 3.15　三类高校不同层次重复率的频数表

		频数	有效百分比	累计百分比
有效（"211 工程"高校）	0～20%	112	47.7	47.7
	21%～30%	74	31.5	79.1
	31%～45%	42	17.9	97.0
	46%～100%	7	3.0	100.0
	Total	235	100.0	
有效（"985 工程"高校）	0～20%	80	46.2	46.2
	21%～30%	54	31.2	77.5
	31%～45%	32	18.5	96.0
	46%～100%	7	4.0	100.0
	Total	173	100.0	
有效（普通高校）	0～20%	142	43.7	43.7
	21%～30%	108	33.2	76.9
	31%～45%	66	20.3	97.2
	46%～100%	9	2.8	100.0
	Total	325	100.0	

"985 工程"高校可以获得大量教育经费,吸引优秀的教师和学生。据预计,"985 工程"高校的大学生抄袭最少,普通高校拥有的教育资金最少,抄袭可能最多。

从上表中我们可以看到,在普通高校、"211 工程"高校和"985 工程"高校,重复率低于 20% 的论文比例分别为 43.7%、47.7% 和 46.2%。"211 工程"高校拥有最大比例,比"985 工程"高校高一点。普通高校学生论文重复率低于 20% 的比例最低,意味着严格遵守学校规定的学生比例最低。但对于这里的所有大学,仍然有超过一半的学生需要修改论文。至于严重抄袭,出乎我们的预料,"985 工程"高校比例最高(4%),普通高校比例最低(2.8%)。

表 3.16 三类学校不同抄袭来源的平均值

学校类型		互联网	出版物	学生论文
"211 工程"高校	平均值	17.89	7.91	11.35
	数量	235	235	235
	标准差	9.05	5.50	8.00
"985 工程"高校	平均值	18.36	8.55	12.06
	数量	173	173	173
	标准差	10.01	6.54	9.45
普通高校	平均值	17.82	10.23	11.62
	数量	325	325	325
	标准差	8.36	8.51	7.64
总计	平均值	17.97	9.09	11.64
	数量	734	734	734
	标准差	8.98	7.27	8.21

表 3.16 显示,对于三类高校来说,互联网资源位居首位,其次学生论文和出版物。"985 工程"高校的互联网和学生论文抄袭比例为 18.36% 和 12.06%,略高于其他两种类型的大学。"211 工程"高校和普通高校的平均值几乎没有差别,可以忽略不计。换句话说,"211 工程"高校和普通高校的论文,从互联网和学生论文处抄袭内容的比例相同,但"985 工程"高校学生从上述两处抄袭的比例稍微高一些。对于出版物,普通高校、"985 工程"高校和"211 工程"高校的比例分别是 10.23%、8.55% 和 7.91%。它们之间的

差距较大，但目前还不清楚为什么有这样的区别。

4.1.5　不同专业小组的抄袭

虽然本研究中的学生都是英语专业，但他们研究领域各不相同。多数大学的英语系有四个研究方向：理论语言学、应用语言学、翻译学和文学。每个方向都有自己的课程和研究项目，我们认为这可能对学生的抄袭行为有一定的影响。接下来将讨论这个假设是否合理。

表 3.17　不同专业重复度的平均值

	数量	平均值	标准差	方差
应用语言学	224	26.2589	11.68744	136.60
理论语言学	192	20.0156	9.90556	98.12
文学	176	23.8636	11.52407	132.80
翻译学	140	20.9786	8.68925	75.503
总计	733	23.0246	10.95155	119.94

如表 3.17 所示，应用语言学的平均重复率为 26.2589%，在四个专业中最高。这表明应用语言学专业的学生在这 3 年中抄袭最多。理论语言学专业的学生表现最佳，平均重复率为 20.0156%，为最低值。文学专业的学生排第二，翻译学专业的学生排第三。标准差表示所有测试数据的变化。标准差越小，组内数据的变化也越小，这一组学生的表现就有较大的集中趋势。理论语言学和翻译学专业的学生的标准差都小于其他两个专业，表明这两个专业的学生间论文写作能力差不多，变化不大。相反，主修文学和应用语言学的学生个体表现相互差别很大。

表 3.18　各专业重复率的单样本检验

	单样本检验					
	检验值为 23.0246				平均值差值 95% 的置信区间	
	t	自由度	Sig.（双尾）	均值差异	低	高
应用语言学	4.142	223	.000	3.23433	1.6954	4.7732
理论语言学	-4.209	191	.000	-3.00897	-4.4190	-1.5989
文学	.966	175	.335	.83904	-.8754	2.5534
翻译学	-2.786	139	.006	-2.04603	-3.4980	-.5940

表 3.18 比较了四个专业的学生与所有受测学生的平均相似度。从表中可以看出,除文学之外的其他三个专业的 Sig. 都大于 0.05,表明其与整个样本学生相比,表现很不同。t 值进一步解释了这种差异。当 t 大于 0 时,意味着该组的平均值高于检验值,反之则小于平均值。应用语言学的 t 值是 4.142,表明这个值明显高于所有学生的平均值(即检验值 23.0246),质量较低。

文学专业的学生的表现与整个样本学生没有太大区别(t=0.966,Sig. >0.05),说明这种差异太小。理论语言学和翻译学的 t 值均低于 0 时,表示这两专业的论文平均重复率低于总样本均值,质量较高。

表 3.19 不同专业的平均重复率

		频数	有效百分比	累计百分比
有效(应用语言学)	0～20%	76	33.8	33.8
	21%～30%	74	32.9	66.7
	31%～45%	64	28.4	95.1
	45%～100%	11	4.9	100.0
	Total	225	100.0	
		频数	有效百分比	累计百分比
有效(理论语言学)	0～20%	112	58.6	58.6
	21%～30%	51	26.7	85.3
	31%～45%	27	14.2	99.5
	45%～100%	1	.5	100.0
	Total	191	100.0	
		频数	有效百分比	累计百分比
有效(翻译学)	0～20%	72	51.1	51.1
	21%～30%	53	37.6	88.7
	31%～45%	13	9.2	97.9
	45%～100%	3	2.1	100.0
	Total	141	100.0	
		频数	有效百分比	累计百分比
有效(文学)	0～20%	74	42.0	42.0
	21%～30%	58	33.0	75.0
	31%～45%	36	20.5	95.5
	45%～100%	8	4.5	100.0
	Total	176	100.0	

表3.19显示了四个专业不同层次的重复率。理论语言学重复率低于20%的比例为58.6%,其次是翻译学的51.1%。这意味着,这两个专业的大部分学生可以不需要做进一步的修改直接通过学校的检查。而对于应用语言学来说,只有33.8%的学生重复率低于20%,4.9%的学生重复率高于45%,反映出应用语言学学生严重的抄袭行为。文学论文比应用语言学好,但它们平均重复率仍高于样本的平均水平。总之,应用语言学专业的学生抄袭最多,其次是文学专业的学生。理论语言学和翻译学的论文都低于平均水平,质量比较好。

表3.20 各专业重复材料来源分布

专业		互联网	出版物	学生论文
理论语言学	均值	15.79	8.68	8.46
	数量	192	192	192
	标准差	8.41	6.57	6.68
应用语言学	均值	19.90	11.62	12.26
	数量	224	224	224
	标准差	9.97	8.57	7.15
翻译学	均值	18.25	5.35	9.56
	数量	140	140	140
	标准差	7.94	3.58	5.87
文学	均值	17.69	9.33	16.01
	数量	176	176	176
	标准差	8.83	7.10	10.29
总计	均值	17.97	9.09	11.64
	数量	733	733	733
	标准差	8.98	7.27	8.21

从表3.20关于四个专业抄袭来源分布情况来看,对于理论语言学、应用语言学、文学、翻译学的论文来说,互联网位列第一,其次是学生论文和出版物。在四个专业中,出版物所占比重最少,在翻译学中的比重相比其他三个方向更小。翻译学的论文往往比较一个文本的不同译本。它们讲究实用,关注如何翻译以及翻译的

差异。也许这就是为什么翻译学专业的学生抄袭自出版物的内容最少的原因,因为出版物主要关于理论。理论语言学的三个来源比重均比其他三个专业小,出版物比重稍大于学生论文,这也许是因为理论语言学主要是关于专业的语言理论,而专业的语言理论材料很少能在互联网上轻易获得。

3.4.2 学生对抄袭的认识

在附录三中,我们可以看到两份调查问卷的数据。问卷一有关剽窃抄袭的定义,问卷二有关抄袭的原因。

问卷一中,第1,2,3,9,10,11,13和15项内容有关基本的抄袭问题。超过一半的研究生认为这是抄袭。由于这些陈述很明显是不能接受的,因而很容易判定这些做法是抄袭行为,但是仍然有一些学生(每个问题都有10个学生)无法做出正确的判断,认为上述做法是合适的,表明有些毕业生对写作规范知之甚少。

问题4内容为将多个源文中的句子合并成一个复杂句子。47%的人认为这是抄袭,而28%的人否认这是抄袭,另外25%认为难以判断,这表明大多数学生在这方面很困惑。

问题5和6评判学生对学术不端的认识。对于这两个表述,63%的人否认这是抄袭,分别有16%(对问题5的回答)和28%(对问题6的回答)的学生表示很难做决定,表明大部分学生未能充分理解剽窃。

对于问题7,8,12,14,学生的观念没有多大变化。近40%的人认为这是抄袭,而另有40%的人认为不是抄袭,20%的人不知道该如何决定。

从上面的分析我们可以看出,学生们对抄袭只有一般的理解,涉及引用的具体方式时,并不能做出正确的判断。1/3的学生无法对抄袭的基本问题做出正确的决定。调查问卷的结果不如作者之前所预计。这种差异的原因可能在于研究生对抄袭知之甚少,在这方面没有足够的理论知识,有必要加强学生们对抄袭知识和其所指具体内容的了解和意识。

3.4.3 抄袭的原因

问卷二是有关学生对可能导致抄袭原因的认识。在所提供的选项里,问卷结果显示,对引用规则缺乏了解、懒惰和便利的网络被认为是导致抄袭的主要原因。教学人员未能发现抄袭滋长了学生的学术不端行为。正如我们在附录四中所发现的,被调查的学生中有超过一半认为,老师通常不检查学生是否抄袭,学生不太可能因剽窃被抓住。更重要的是,即使被查到抄袭,惩罚很轻,所以没有关系。他们想得到很高的分数,有时就会冒险去抄袭。此外,学生的决定也与传统想法有关系,他们认为天下文章一大抄,遵循传统做法没有问题。然而,表中列出的几个选项并没有被视为导致抄袭的因素。例如,知道如何避免被认定为抄袭,太多困难的任务和同学要求分享资料不会对自己的决定产生影响。

研究结果并未出乎我们的意料,互联网使学生抄袭书面作业更容易。在网上他们可免费或以相对较小的成本下载论文全文而不加注释。对写作规则一知半解、懒惰和缺乏教师监督是导致抄袭的主要因素,这与其他研究(Dordoy,2002)结果是一致的。不过,同学要求分享材料未被视为抄袭的原因,这一点与先前的调查结果并不相同。

3.5 结 论

本节总结了本研究的主要发现,以及本研究的局限性和对未来研究的建议。

3.5.1 主要发现

所有收集来的论文均被检测出存在抄袭,平均重复率为23.0246%。重复率最低1%,最高65%,表明个体间有很大差异。本研究中数据呈正态分布,有适当的集中趋势。733篇论文中,按各学校的规定,45.4%的学生不当引用是可以接受的,属于"合理复制",32.1%的学生轻微抄袭,19.0%被认为是中度抄袭,3.1%

严重抄袭。总的来说，54.6%的学生违背了学术规范。他们犯轻微抄袭或中度抄袭，需要在答辩之前修改论文。那些犯严重抄袭的人将不被允许按时毕业。从抄袭的来源来看，互联网位居首位，平均值为17.97%，其次是学生论文（11.64%）和出版物（9.09%）。三来源相互密切联系。互联网对总重复率影响较大。从不同年份来说，抄袭变得越来越严重，体现在总平均重复率和学生人数方面。三年来，重复率在20%以下的学生占该年份总学生数的比例分别为51.2%、45.9%和43%，意味着越来越多的学生抄袭超过20%，不属于合理复制。由于电脑普及，网络资源的比重在这三年中逐年提高。

至于三种类型的大学，它们之间没有显著抄袭差异。相对而言，"211工程"高校的论文较好。"985工程"高校里犯严重抄袭的学生比其他两类学校更多。另外，"985工程"高校的学生比"211工程"高校和普通高校的学生更多运用互联网和学生论文，这点出乎笔者的意料。这可能与日常教学管理有关系。从四个不同专业方向来说，理论语言学学生表现最佳，其次是翻译学的学生，应用语言学论文抄袭最多，有66.2%的学生重复率超过20%；关于来源分布，互联网第一，之后是学生论文和出版物。但理论语言学中，出版物排名第二，也许是因为理论语言学主要关于理论，大部分只能从专业出版物中获取。

根据问卷调查，学生对抄袭的知识了解有限，令人担忧。学术写作规范认可的做法被认为不可接受，而那些不被接受的做法又被视为可以接受。总之，研究生对抄袭只有一般性了解，涉及具体条款时，无法正确地引用材料。

导致学生抄袭的原因有不了解引用规则、懒惰和缺乏时间管理。便利的互联网资源使学生更容易采取复制粘贴的办法完成任务。为了获得更好的分数，他们有时铤而走险去抄袭。上述结果与以往的研究结果是一致的。而太多困难的任务和同伴要求分享材料对学生选择通过剪切和粘贴来写论文没有影响。

3.5.2　本研究的局限性和对未来研究的建议

作者花了大量的时间和精力用定量研究方法试图揭示2000

年、2001年和2002年3年中各大学抄袭情况。由于这些论文写于10年前,有限条件下无法联系到所有论文写作者并对他们进行问卷调查。参与问卷调查的32名几年前已毕业的研究生大部分来自"211工程"高校,由于各年代学生不同,因此可能对本研究结果造成一些影响。

作者根据样本分类情况得出了一些结论,但发现不同类型学校之间并没有显著差异。

为了更好地揭示抄袭的总体情况,将来可以从不同的方面做进一步研究,如各类大学的抄袭(理工类、师范类、外语类、综合性大学和其他类型的大学),它们之间可能存在差异。

另一个局限是有关论文格式。下载的论文必须被转换成文字形式,在此过程中,某些内容可能丢失或转化后部分文字无法被Turnitin识别,这会影响最终数据的准确度。因此,如果可能的话,最好使用论文最初的文档格式。

附录一:

Ten types of plagiarism listed by the White Paper of Turnitin:

1. Clone: an act of submitting another's work, word-for-word, as one's own;

2. Ctrl-C: a written piece that contains significant portions of text from a single source without alterations;

3. Find-replace: the act of changing key words and phrases but retaining the essential content of the source in a paper;

4. Remix: an act of paraphrasing from other sources and making the content fit together seamlessly;

5. Recycle: the act of borrowing generously from one's own previous work without citation; to self-plagiarize;

6. Hybrid: the act of combining perfectly cited sources with copied passages—without citation—in one paper;

7. Mashup: a paper that represents a mix of copied material from

several different sources without proper citation;

8. 404 error: a written piece that includes citations to non-existent or inaccurate information about sources;

9. Aggregator: this one includes proper citation, but the paper contains almost no original work;

10. Re-tweet: this one also includes proper citation, but relies too closely on the text's original wording and/or structure.

附录二：

问卷1

	问题	回答(百分比和人数)		
		是	不是	不确定
1	不加引号大段引用别人的材料	0.69 (22)	0.28 (9)	0.03 (1)
2	改写或释义所用材料，未说明材料出处	0.72 (23)	0.13 (4)	0.16 (5)
3	增删词语、调整句序或改变时态数以后，逐字引用材料	0.59 (19)	0.31 (10)	0.09 (3)
4	从原文中摘出一两个简单句，进而写成复杂句或并列句	0.47 (15)	0.28 (9)	0.25 (8)
5	参考同学作业，模仿他的文章结构和写作方法	0.22 (7)	0.63 (20)	0.16 (5)
6	与同学讨论作业，得出相似的报告	0.09 (3)	0.63 (20)	0.28 (9)
7	将材料复制粘贴进论文中，在参考资料里列出了材料出处	0.41 (13)	0.53 (17)	0.06 (2)
8	将你未阅读过的材料列入参考资料中	0.44 (14)	0.38 (12)	0.19 (6)
9	翻译国外网站上的文章作为自己的成果	0.72 (23)	0.16 (5)	0.13 (4)
10	剪切粘贴多个来源拼凑一篇论文	0.69 (22)	0.28 (9)	0.03 (1)
11	标注引用的文字比实际复制得少	0.59 (19)	0.19 (6)	0.22 (7)
12	复制整个短语但改动部分文字	0.41 (13)	0.44 (14)	0.16 (5)

续表

问题		回答(百分比和人数)		
		是	不是	不确定
13	改写而不标注归属	0.59 (19)	0.22 (7)	0.19 (6)
14	概括而不标注归属	0.41 (13)	0.41 (13)	0.19 (6)
15	编造出处	0.56 (18)	0.34 (11)	0.09 (3)

附录三：

问卷 2

	原因	回答(百分比和人数)		
		是	不是	不确定
1	不了解学术规范	0.66 (21)	0.28 (9)	0.06 (2)
2	多数导师不检查学生论文是否存在抄袭问题	0.50 (16)	0.41 (13)	0.09 (3)
3	自己懂得如何巧妙地抄袭而不被发现	0.41 (13)	0.50 (16)	0.09 (3)
4	懒惰或未充分利用时间写作	0.78 (25)	0.16 (5)	0.06 (2)
5	很容易从网上获取资料	0.78 (25)	0.22 (7)	0.00 (0)
6	想得到更好的分数或等级	0.59 (19)	0.19 (6)	0.22 (7)
7	同学要求分享资料	0.19 (6)	0.53 (17)	0.28 (9)
8	抄袭被查出后惩罚很轻不碍事	0.63 (20)	0.34 (11)	0.03 (1)
9	作业和各项任务太重	0.28 (9)	0.56 (18)	0.16 (5)
10	无法用英语清楚表达自我	0.44 (14)	0.41 (13)	0.16 (5)
11	任务太难	0.31 (10)	0.56 (18)	0.13 (4)
12	对所写话题不感兴趣	0.34 (11)	0.41 (13)	0.25 (8)
13	天下文章一大抄,大家都抄,我也要抄点吧	0.63 (20)	0.25 (8)	0.13 (4)
14	抄袭不会被发现(侥幸心理)	0.63 (20)	0.16 (5)	0.22 (7)

第四章 论文抄袭研究(2)

论文的原创性是评价一篇论文好坏的重要标准,而抄袭却与论文的原创性背道而驰。抄袭犹如人类癌症,近年来国内研究生的抄袭现象愈发严重,因此对论文的抄袭情况展开研究有着重要意义。本研究采用定量研究方法,对相应数据采用一款在线抄袭检测工具进行检测并分析,并对研究生进行问卷调查,以探究抄袭现象背后的成因。

4.1 引 言

学术不端现象,尤其是抄袭现象的普遍存在引起了广泛关注。近年来,国内外越来越多的学者开始关注抄袭现象,并对其进行研究,提出了原创性和作者身份的重要性。越来越多的作品被发现存在抄袭现象,这不仅存在于学术圈,也广泛存在于其他领域。研究生是学术圈的一个重要组成部分,研究硕士论文中的抄袭情况具有重要性和必要性。

近年来,随着信息时代的到来,抄袭现象越来越严重,在全球教育范围内引起广泛关注。虽然自交流产生以来抄袭现象便随之出现,但是"新型信息技术以及便捷的网上资源获取途径使得抄袭变得更加简单、更具诱惑"(Sutherland-Smith,2008;Hu & Lei,2012)。近些年许多人都被揭露有抄袭行为,其中也不乏一些名人。

学术抄袭指的是学术领域内的抄袭现象,涉及的人群包括学生、研究人员、教授等。"讨论到该问题的学者称他们经常会遇到抄袭的例子。学术机构也越来越意识到重视抄袭问题的必要性。"(Culwin & Lancaster, 2001)学术抄袭已经成为了一个热点话题,并且引起了一定的关注。

对于硕士研究生而言,硕士毕业论文可能是他们倾注最多精力的学术作品。英语专业的研究生通常都接受了10年以上的英语课程教育,但是他们的英语使用仍然存在一些问题。写作是使用英语的四项基本技能之一,通常被认为是"一种正式地表达思想的文献记录过程"(Raihanah et al., 2011)。硕士毕业论文,这一研究生阶段最正式的学术写作的成果,是衡量研究生学术水平以及综合能力的一项重要标准。

戴炜栋和张雪梅(2007)指出本科生毕业论文质量日趋下降,抄袭则是诸多问题之一。这种趋势在研究生中亦有所体现。研究生论文并不单单是基于具体理论和技能的写作,更是对于解决实际问题的理论和技能的一种综合运用。"独立创新地解决理论和实践问题既是学生科学研究的开端,也是学生展示专业能力和研究能力的一次机会。"(程杰,2004)

在论文写作时,参考文献和引用应当被给予更多的重视。一方面,如果没有参考文献和引用,硕士论文就没有足够的理论支撑、学术特征以及说服力;另一方面,由于"参考文献是硕士论文的一个重要部分,合理的引用行为对研究生的学术能力以及硕士论文的质量都有重要影响"(钟伟珍和黄国文,1999),因此,学生们应当谨慎对待引用的使用。引用作为学术写作的一部分,在教材和课程中通常会被忽视。老师提到写作问题的时候,关注点往往是词汇、语法等知识,而不是更高的修辞层面的问题(Currie,1998)。

为了防止和惩罚学术抄袭,政府颁布了一些具体的规章制度。教育部(2004)曾拟定了题为《高等学校哲学社会科学研究学术规范(试行)》的文件来设法抑制抄袭现象的蔓延。2013年1月1日,教育部正式出台了《学位论文作假行为处理办法》,这是教育部官方出台的第一部关于学术不端行为的文件。部分高校设立了相关部门采取措施来防止抄袭。例如,国内一些高校规定,所有硕士研究生的论文在参加论文答辩之前都必须通过抄袭检测系统的检测。

人们对硕士生的学术作品期望很高,他们认为,相对本科生的论文而言,硕士生的论文更不应当出现抄袭情况。但是事实上抄袭现象在研究生中也非常普遍,并且一些教师和学生不愿意直视该问题,甚至尽量避免提及这一敏感词汇。因此,强调抄袭的严重程度以及设法解决这一问题是非常必要且迫切的。

本研究旨在提出中国二语学习者学术写作中存在的抄袭问题。抄袭,在相关文献中一般分为抄袭他人的思想和抄袭他人的文字(Flowerdew & Li, 2007a)。本研究中我们的焦点是文本相似度。具体来说,本研究主要揭示了英语专业研究生硕士毕业论文中的不恰当引用现象。本研究试图通过引入相似性指数来深入研究自建的硕士论文数据库,分析不同群体中抄袭现象的差异性。本研究的目标是,不仅让中国英语学习者对抄袭行为有更好的认识,意识到抄袭现象的严重性,而且对学术写作的教学有一定的指导意义。

4.2 文献综述

4.2.1 语料库语言学

在定量研究方法中,语料库语言学和计算机语言学是两个最重要的学派,这两个学派都采用计算机作为研究工具。本章的研究结果也基于本研究自建的语料库。

提及语料库,人们首先想到的可能是一系列文本储存在一个电子的数据库中。事实上,语料库的所指范畴远非如此。"语料库的设计和建造通常代表了一个特定领域的语言使用或者是以展开某项研究为目标的。"(Leech, 1991)

将语料库应用到语言使用的研究中是一个自然的发展趋势。因为不同情境下的语言使用不同,不能光凭一个人的语言直觉来判断语言的合适与否。"对语言不同的观察应该取决于对大量文本的分析。"(桂诗春,2009)语料库语言学为语言学的研究提供了一个全新的研究视角。

(1) 语料库语言学的定义

语料库的研究是一个与其他学科,例如,语言分析、语言教学、研究方法、统计学、信息技术等相联系的交叉学科(桂诗春,2009)。语料库语言学不是语言学的一个独立分支,而是一种能够探索语言多个方面的方法(Kennedy,2000)。很少有研究专门来研究语料库本身。语料库更多的是用来研究其他领域的现象。本研究主要集中于其在语言学中的应用。

根据 Kennedy(2000)所述,语料库是"用来分析和描述语言的大量书面文本或转录话语"。语料库不仅仅是文本和话语的集合,而是语言学研究中某种语言特征的代表(梁茂成等,2010)。Sinclair(1991)认为语料库的出现为研究语言提供了"新的证据和新的视野"。濮建忠(2003)把语料库语言学看作"通过自然生成的、机器可读的文本语料库所进行的对语言使用的计算机辅助研究"。

换言之,以真实的语言材料为研究对象的语料库语言学就是通过分析大量语言,从宏观的角度揭示语言事实和概括语言使用的规则。如今受到关注的正是对"真实世界"文本的样本语言的研究。语料库语言学在语言研究中有一定优势。比起其他研究方法,语料库更加真实可信,因为其数据更加客观,不受研究者或被试者的影响。如果样本足够典型、随机、大量,样本可以被看作普遍条件下的真实代表,样本的特征也就可以用来概括大众的特点。

(2) 语料库语言学的发展

语料库应用与语言学的研究可以追溯到 19 世纪晚期的欧洲,当时的研究只能依靠卡片和人工检索来完成,耗时耗力。19 世纪,语料库主要用于编撰字典和语法研究。20 世纪 50 年代,语料库发展进程缓慢,直至 80 年代中期才重新进入研究者的视野。

根据杨慧中(2002:46—49)的概括,语料库经历了三个阶段:手工语料库、第一代计算机语料库和第二代计算机语料库。第一阶段是 18 世纪到 20 世纪 50 年代的发展阶段,这一阶段的数据基本都是靠手工收集,研究重点主要在五个领域:"圣经与文学研究、词典编撰、方言研究、语言教育研究、语法研究"(Kennedy,2000)。第二个阶段是20世纪50年代到80年代的兴起阶段,这一阶段语料库的应用重新复苏,计算机在其中的作用得到凸显。当时,语料库主要用于语音和一语习得的研究。第三阶段是扩大阶段,这一阶段,由于信息技术的发展,语料库的规模和种类都在不断扩大。

过去的几年中,国内外语料库在语篇方面的研究也都取得了较大成就。可以推测,语料库经过不断发展,学者们也不再满足于仅仅包括词汇和短语的狭窄研究领域,他们试图利用语料库来研究语篇。

(3)语料库的种类

常见的语料库根据不同的元素分为不同的种类。根据不同的目的,语料库可以分为一般语料库和专门语料库。本研究中的语料库专门用于研究中国英语专业硕士研究生毕业论文的情况,因此属于特定领域的专门语料库。

其他常见的类型还包括共时语料库、历时语料库、口语语料库、书面语语料库、母语语料库、学习者语料库、单语语料库、双语语料库和多语语料库(梁茂成等,2010)。一方面,本研究中的自建语料库所用的材料是2006年到2008年的数据;另一方面,这些材料是由英语专业的研究生这一高级学习人群所撰写的英文作品。鉴于以上两点,该语料库可以被认为是一个历时的、书面的、单语的学习者语料库。语料库语言学基于大量的真实语言数据,对语言学理论的建构所做出的贡献具有突破性的重要意义。

本章中语料库的概念运用在两个方面。一方面,研究的材料是一个自建的语料库。另一方面,所用的抄袭检测工具Turnitin也是一个语料库。第二个语料库是网络、出版物和学生论文中现有的学术文章的集合。对比的原理为:从第一个语料库中选取一篇文章,将其与第二个语料库中的所有文章进行比对,最后得出一份关于相似性的详细报告。

4.2.2 语言学习

不能仅仅把抄袭看作一个简单的对与错的道德问题。

Pennycook（1996）认为这是一个关乎文本、记忆和学习的复杂问题。抄袭与学习有关，尤其与写作水平以及人类的思维有密切关系。

研究发现，学术经验较少以及阅读写作能力相对较低的新手作者在完成一篇学术论文的时候面临更多的困难（程伟，2007）。语言能力与抄袭行为密切相关，因此在具体的写作过程中起重要影响。这也警示研究者们，在研究抄袭现象之时，应该记住存在抄袭行为的学生首先是一个语言学习者。

写作是一项技能，整合资源进行写作则是学术作者的一项子技能（Pecorari，2008）。事实上，学术写作与其他写作活动不同，因为它要求作者"根据对现有资源的处理生成自己的语言，这要求较高的认知能力和语言能力"（程伟，2007）。听、说、读、写是语言能力的四项基本技能，其中阅读和听力通常被认为接受型技能，另外两个则是产出型技能。这四项技能的发展对语言学习都起着重要作用。学术写作是一项阅读和写作技能，是两项技能的有机结合。在撰写论文时，学生必须要考虑来源文本和自己所撰写的文本之间的关系，并且决定如何将他们所阅读的材料消化成自己的写作，这就要求学生有较强的完成阅读和写作任务的技能。

阅读为学生用目标语言写作提供模型，广泛的阅读直接关系到更好的写作，阅读和写作都是思考、学习和发现的有力工具，都具有交流的作用。对于一语和二语学习者来说，他们都无法创造出完全原创的文本，一篇文章的写作总是基于所阅读的文章。因此，"复制是初学者完成阅读和写作任务、发展相应写作能力的一个自然有效的方法，不能单纯地将其批判成不能接受的行为"（程伟，2007）。避免抄袭并不是整篇文章完全用自己的文字，而是注意对阅读材料的合理使用。

同样，人们对待之前所学的知识也是这样。Liu（2005）曾经提出，中国学生和许多远东地区的学生一样，学习时非常依赖记忆。有些人并不赞同这种强调背记优秀作品的教育方法。但是，从某种程度上来说，背诵能够帮助学生更好地写作。老师要求学生记忆一些知识，并不是要求死记硬背，而是帮助学生"理解和熟悉有效的修辞方法和有用的写作技巧，从而应用到自己今后的写作中"（Liu，2005）。

换言之，对现有文献的阅读和理解以及对他人作品的记背从某种程度上来说能够帮助学习者产出自己的作品。"但是，在学术英语领域，如何最好地培养非母语使用者模仿母语使用者的作品这一问题已让步于这一目标是否正当合适的讨论。"（Sowden，2005）尽管背诵文本是一项有效的学习技巧，但是这并不能引导生产性原创的语言使用。如果语言学习者不能恰当地处理好这之间的关系，就很容易变成抄袭。因此，阅读了他人的作品后，学习者首先应当理解并将其消化成自己的思想，然后在必要的时候标注原作者。他们应当灵活运用所学知识，而非死记硬背。

4.2.3 理论基础

（1）Pennycook 的综观模型

导致抄袭的原因主要从两个方面探讨。一些学者从文化的角度来看待抄袭（盛国强和周永模，2011；Flowerdew & Li，2007b）。他们认为，对二语学习者来说，他们自己国家的文化与英语国家的文化之间的差异可能导致抄袭。一些学者认为抄袭与语言熟练程度有关（Kock & Davison，2003）。他们认为用一门新的语言来写作的难度导致了这一问题。Pennycook（1994，1996）取两者之长，提出了综观模型。

Pennycook（1994:278）在他的模型中提出 5 种情境将抄袭的原因分类，包括"概念情境""学生情境""院校情境""具体任务情境"以及"具体使用情境"。

首先，概念情境指对抄袭的不同理解会导致不同程度的抄袭，学生需要对抄袭的概念有一个全面的了解。其次，学生情境表明拥有不同文化和教育背景的学生可能对抄袭有不同的反应。再次，院校情境指不同学习环境的影响。另外，具体任务情境指对写作主题的背景知识以及语言能力对抄袭也存在影响。最后，具体使用情境指作者决定是否引用时的特定情况。

Sutherland-Smith（2008）将抄袭分为"有意"抄袭和"无意"抄

袭,在学生中也进行了关于抄袭原因的一项调查。他的调查(2008:172)结果显示,有意抄袭的原因主要有以下几类:

① 不合理的时间管理;
② 担心失败,让家人失望;
③ 学生认为"大家都在这样做,我为什么不呢";
④ 学校似乎对抄袭不是很重视;
⑤ 学校没有教学生哪些是可为的,所以走捷径抄袭是可以接受的;
⑥ 学校的规定通常不是很明确;
⑦ 对某一特定主题缺乏兴趣或觉得困难;
⑧ 学生认为原文写得太好了,他们无法用更好的语句来表述并且觉得没有必要对原文进行改动;
⑨ 任务没有意义,抄袭是避免这种无聊任务的最佳方式;
⑩ 冒险尝试一下不被抓到是值得的。

至于无意抄袭,大多数学生指出是由于缺乏对引用规则的认识。他们对于什么是抄袭、哪些需要引用和哪些不需要引用缺乏系统性概念。

Sutherland-Smith(2008)列出的这些原因与Pennycook(1994)的综观模型具有一定的相似性:①②属于"学生情境";③—⑥属于"院校情境",与学习环境有关;⑦—⑨属于"具体任务情境";⑩属于"具体使用情境"。无意抄袭的原因则与"概念情境"的提法相似。

Pennycook的综观模型尝试从相对综合的视角来解释抄袭的原因。在本研究中,问卷的选项参照该模型设计但不完全照搬,因为Pennycook的实验是20世纪90年代初期在香港进行的,无论是时间还是语言环境都与本实验存在较大差异。因此,在分析抄袭原因的时候,本研究根据具体情况进行修正。

(2) 互文性

研究学生引用行为的另一个理论视角是互文性,即每篇学术文章都是由其他文章组织起来产生新的知识(Fairclough,1992)。研究者们发现这一概念可以解释学生是如何获得学术素养的

(Shi, 2008)。它可以很好地解释不同作者写的两篇文章存在相似性的现象。

与这一理论相关的 Bakhtin 的语言对话理论强调了语言使用的可借用性及其互文性本质,也就是所有的言语都和其他言语响应并能预测其他言语(Bakhtin, 1986; Volosinov, 1973, 转引自 Pennycook, 1996)。他强调"话语中应用的语言的真实单位不是单独的、孤立的、独白式的话语,而是至少两个话语的互动——即对话"(Voloinov, 1973, 转引自 Pennycook, 1996)。语言不只是用来交流的,更是承载着之前使用中的历史性。因此,人们的言语中都充满着他人的言辞(Bakhtin, 1986)。语言的对话性本质帮助我们理解文本借用的行为。

Chandrasoma 等(2004:175)提出,不能仅仅将互文性看作文内其他文本的体现,更要将其看作文内旨在表达特定意义的知识流的集合。他们从三个不同的视角来看待学生作文中的互文性:概念视角、互补视角和元语言视角。概念互文性是"在一个文本内通过挪用其他文本中的概念来介绍概念"(Chandrasoma et al., 2004:175)。撰写论文的时候,我们需要根据先前的研究来介绍相关术语的概念。互补互文性是"通过补充说明文本所表达的主题来强调作者的观点"(同上:175)。文章中的举例、典故、一般特征都可以归类为互补互文性。"文章中所用到的语言资源(例如,特定术语、立场标记)则构成了元语言互文性"(同上:175)。

在文章中,无论是何种互文性,作者都应该试图根据对先前文献的理解来创造自己的文本。"互文性是对他人文本意义的塑造。它包括作者对先前文本的借用和转换,或是读者在阅读一篇文本时引用另一篇文本做参考"(Kristeva, 1980, 转引自 Fairclough, 1992)。它包括违规互文性和非违规互文性。不管是违规的还是非违规的,使用他人的语言都应该遵守相应规则来避免被视作抄袭。对抄袭有全面的了解有助于减少违规互文性的出现。

互文性的概念决定了每一个新的文本几乎都不可避免地沿袭他人的语言或思想。基于这一特性,即便是用自己的母语来写作,想要确保原创性也较为困难。Kristeva(1980, 转引自 Fairclough,

1992)也认为,没有一个文本可以完全与别的文本脱离,它不可避免地被包含在文本间的相互作用中。因此,研究者们需要直面文本借用的存在,并且学会合理的引用。

(3) 自由选择原则与习语原则

Sinclair(1999)在其著作《语料库·索引·搭配》中提出了两个原则:自由选择原则和习语原则。

自由选择原则认为语言文本是大量复杂的选择。文字、短语、从句都被看作一个个单位,在每个单位结点,只要这种选择是符合语法规则的,都有大量的候选供我们选择。当人们在写一篇文章的时候,有很多选择来构建一个句子、一个段落、一段话语。这时,他们脑中的储备就成了供替代的选择,然后将其自由排列组合成自己的语言。

但是仅用自由选择原则无法产出正常的文本,这也是习语原则存在的必要性。

"习语原则是指语言使用者有大量半预构建的短语。即便看似可以分割成更小的部分,这些短语形成特定的组合方式。从某种程度上说,这也显示了省力的自然趋势;或者可能由真实对话的紧急情况激发"(Sinclair, 1999:110)。

至于语言的原创性,Sinclair(1999)在阐释他的"习语选择原则"时指出,当人们说话或写作时,他们对话或文本的话题、语境、语域等都可能严重地限制他们对单词的选择,使得他们必须使用那些预构建的或半预构建的短语。

人们产出的大部分语言都包含了预先构建的语块,而不是独特的文字组合(Coulthard, 2004)。讽刺的是,习语原则是二语写作教学中的一个技巧,这一教学方法既带来了便利,也增加了挑战。人们应该确保学生不会将其转变成抄袭。

本研究中所使用的抄袭检测工具的运行原理就是基于这一习语原则。根据这一原则,该检测工具寻找不同文本中的相同字符串来统计相似性指数。

4.2.4 小结

先前关于抄袭的研究已经做出了一定的贡献,但是仍然存在一些局限性。首先,大多数研究都是在以英语为一语的环境下进行的,作者使用的是自己的母语,并且英语国家一直以来都强调抄袭问题。尽管有些研究的对象是二语学习者,但是这些对象由于生活在讲英语的环境中,从某种程度上会对其二语学习者的身份有所影响。其次,大多数研究的对象是学生发表在杂志上的文章或是本科生的论文,很少有研究专门针对研究生这一学术要求更高的群体。再次,之前的研究大多采用的方法是大规模的问卷调查,探究的是学生对抄袭的认识、自我评价以及态度,缺乏客观性。一些研究中已进行文本分析,但是,由作者人工分析,并且数量也较小,因此缺乏可信度。

受先前研究启发,本研究的对象选取的是英语为二语的环境下学生所写的材料,能够展现中国二语写作的真实情况。另外,这些论文是英语专业硕士研究生的毕业论文,这一群体能够代表中国高级英语学习者的写作水平。至于研究方法,本实验采用定量的方法并且使用了在线检测工具来确保数据的客观性,同时也采用了一份辅助问卷在小范围内调查了学习者对抄袭的看法,来验证所揭示的现象。

4.3 研究设计

本节主要讨论本研究的研究方法。为了探讨不同群体二语学习者在英语专业硕士论文中引用行为的异同,本节首先提出了三个研究问题。其次,介绍研究文本的详细情况,并将它们根据不同的分类方法分成不同的组别。再次,介绍实验采用的工具:一是名为Turnitin的在线抄袭检测工具,其工作原理也在本章中有所介绍;另一个是辅助性问卷调查,用来调查硕士毕业生对抄袭及其成因的认识。另外,描述实验步骤以及收集数据的过程。最后,介绍数据分析的工具和方法。

4.3.1 研究问题

为了揭示中国高校研究生毕业论文的抄袭情况,同时为了比较不同群体抄袭现象的异同，本节提出了以下几个研究目标：

（1）硕士论文中的抄袭程度如何？

（2）不同群体中学生抄袭现象的不同和相同点有哪些？

　①不同毕业年份的学生抄袭现象的不同和相同点有哪些？

　②不同学校类型的学生抄袭现象的不同和相同点有哪些？

　③不同研究方向的学生抄袭现象的不同和相同点有哪些？

（3）导致抄袭现象的原因有哪些？

4.3.2 研究材料

本节所采用的数据是自建语料库中英语专业硕士论文的文本数据。这些二语学习者的硕士论文都是从笔者的导师、友人处以及知网收集所得，由此建立成2006年到2008年英语专业的硕士毕业论文样本集。上述论文共计500篇，只保留了正文部分，摘要、致谢、参考文献等部分不列入其中。上述论文根据不同毕业年份（见表4.1）、不同学校类型（见表4.2）、不同研究方向（见表4.3）分成若干组。

表4.1 所收集论文的毕业年份分布

		Frequency	Percentage	Valid Percentage	Cumulative Percentage
Valid	2006	167	33.4	33.4	33.4
	2007	167	33.4	33.4	66.6
	2008	166	33.2	33.2	100.0
	Total	500	100.0	100.0	

表 4.2　所收集论文的学校类型分布

Valid		Frequency	Percentage	Valid Percentage	Cumulative Percentage
Valid	Other Universities	163	32.6	32.6	32.6
	"211 Project" Universities	176	35.2	35.2	67.8
	"985 Project" Universities	161	32.2	32.2	100.0
	Total	500	100.0	100.0	

表 4.3　所收集论文的专业方向分布

Valid		Frequency	Percentage	Valid Percentage	Cumulative Percentage
Valid	Theoretical Linguistics	126	25.2	25.2	25.2
	Applied Linguistics	220	44.0	44.0	69.2
	Translation	87	17.4	17.4	86.6
	Literature	67	13.4	13.4	100.0
	Total	500	100.0	100.0	

之所以选择上述文本作为研究材料，主要是基于以下几个原因：首先，在中国的大学中，只有英语专业学生的硕士毕业论文要求用英文撰写，其他专业都是用中文撰写的；其次，英语专业硕士研究生是典型的英文学术写作群体，对于大多数本科生来说，很少需要撰写除毕业论文以外的学术论文，"他们通常只需要将课本和上课笔记的内容记熟来应对考试，而西方国家的同龄人通常大多数课程都要求撰写研究论文"（Hayes & Introna, 2005）；最后，和其他论文性质不同，毕业论文是阶段学习中最重要的部分，这就要求学生投入更多的精力，并且寻求导师的指导，因此硕士毕业论文这一文本材料较为可靠。

分组有以下依据：一方面，英语专业的硕士研究生通常可以分为四个研究方向，即理论语言学、应用语言学、翻译学和文学。不同研究方向的学生对抄袭的了解程度可能有所不同。另一方面，不同地区和类别的学校对抄袭的态度也可能有所不同。为了使数据更具说服力，本节尽可能多地覆盖了各类学校。

4.3.3 研究工具

目前,国内外有一些检测抄袭的软件。在国内用的最普遍的是 CNKI 的"AMLC 学术不端文献检测系统",这个平台对中文文本的分析较为专业。对英文文本的分析全世界最著名、使用最广泛的是美国 iPlagiarisms 公司开发的 Turnitin 系统。"Turn it in 意为检举(它)或告发(它)"(Posner, 2010:96),它使用广泛的网络资源。"就像如今数字文化时代中的其他事物一样,抄袭正在朝着网络的方向发展。Turnitin 里面的'原创性检验功能'通过与世界最精确的对比数据库比较,帮助教师检测学生作品中的不恰当引用以及潜在的抄袭。"(Turnitin 白皮书,2012)

与现存的其他工具相比,笔者选择 Turnitin 作为研究工具是因为:首先,它使用领先全球的内文数据库,如此庞大的数据库使我们能够与尽可能多的现有作品进行比对;另外,可以根据需要在"原创性检验功能"中勾选选项,也就是"可以通过过滤掉加引号的和小范围相似的来选择希望出现在原创性报告中的内容"(Turnitin 白皮书,2012)。"美国和其他国家有成千上万所学校购买了使用该软件的许可……"(Posner, 2010:96)

根据《Turnitin 白皮书》(2012),有两个简单的标准来衡量抄袭行为:作品是不是作者原创并用自己的话写出来的,如果不是,是否对前人的引用加了标注。《Turnitin 白皮书》列举了 10 种 Turnitin 可以检测出的抄袭类型,这些类型根据严重程度从最大到小依次排列。这显示出 Turnitin 的有效性,它可以检测的范围很广,即使作者改动了中间的少许关键词,也同样能够检测出抄袭问题。也就是说,抄袭检测报告中所给出的相似性指数包含了这十种类型的抄袭,但是本研究中不再将其分别展开进行讨论。

笔者之所以采用在线工具来检测抄袭而不是人工操作,主要是因为本研究涵盖的文本数量较大,如果手动操作,不可能在短期内完成。即便是没有这么大量的文本,如果人工操作的话也很难保证客观一致,例如,"在 Jacoy 和 DiBiase 的研究中,一门在线地理课程的作业通过反抄袭软件测出 13% 的抄袭率,但是人工操作同样的文章只测出了 3%"（Lee，2011）。在本研究中，反抄袭软件主要被用来检测相似度，这可以帮助我们对抄袭的总体情况有所了解，也可以比较不同群体中抄袭程度的严重性。

同时，本节设计了问卷来探讨抄袭的原因，问卷包括 3 个简单的问题。由于本研究的主要目的是揭示抄袭的现象而非原因，所以问卷调查仅设计为一个辅助工具。本节随机抽选了 30 名已毕业的研究生回答了问卷，该问卷包含 3 个问题，其中两个旨在调查他们对硕士论文中存在的抄袭现象的认识，另一个问题是探究他们对造成抄袭的原因的理解。

4.3.4 数据收集过程

上文所述，大多数关于抄袭的实证研究都指出了抄袭的普遍性。但是，仍然存在一些没有涉及的问题。例如，大多数研究主要关注的是美国的学校或生活在讲英语国家的二语学习者，那么中国院校的学生是不是也有类似情况呢？另外，许多研究关注的是本科生，很少有调查研究生这个群体，但是研究生反而更多地接触学术文本。因此，本研究一方面探究的是中国院校中英语专业的学生，另一方面这些学生又都是硕士研究生。

首先，我们将 5 篇网上随机下载的文章上传到检测工具 Turnitin 中来看结果。表 4.4 中的结果显示了 5 篇论文都存在不同程度的抄袭现象。这说明，学生抄袭的确存在，大规模地研究硕士论文中的抄袭行为更具有意义。

表 4.4　样本测试的结果

Number	1	2	3	4	5
Similarity Index	8%	32%	16%	30%	39%

为了研究硕士论文中的抄袭情况，本研究主要采用了定量的研究方法，自建了一个学术文本的语料库。该语料库包括 500 篇英语专业硕士论文，涉及理论语言学、应用语言学、翻译学、文学四个研究方向（内容从引言到结论）。

上述论文中 32.6% 来自"985 工程"院校，35.2% 来自"211 工程"院校，还有 32.2% 来自普通院校。根据专业方向不同，这些论文又可以分为四组,25.2%来自理论语言学方向,44.0%来自应用语言学方向,17.4%来自翻译学方向,13.4%来自文学方向。

完成这些文本的收集后,下一步工作是筛选出有用的信息。考虑到收集到的文本是学生硕士论文的终稿,其中包含了一些影响检测结果的部分,所以只保留了"引言"到"结论"的这几个部分。

准备数据时,由于文档不可编辑,无法直接将那些多余部分删除,因此首先必须将上述论文的 PDF、NH 和 KDH 格式统一转换成可编辑的文本文档格式。通过一款叫作 ABBYY-FineReader 的软件,将所有 PDF 格式的文件(其他格式先通过虚拟打印机 tiny-PDF 转换成 PDF 格式)转换成文本文档,然后删除一些无用的部分,包括前置内容、摘要、参考文献、致谢等。

准备数据工作完成后,将这些材料上传到在线抄袭检测工具 Turnitin 中。首先,将每篇文章上传到指定的文件夹,等待工具处理。几分钟后,软件将生成一份原创性报告。由于这些文章是若干年前完成的,并且目前已经能够从网络获取,也收录在数据库中,因此在检测之前,要将文章完成的年份之后的文章都去除。例如,某篇文章是 2006 年完成的,那么必须将 2006 年至今的所有文章都从"比对概览"中剔除。同时,文章本身也应该排除掉。最后,可以得到四组数据,即相似指数、来源于网络的比例、来源于出版物的比例和来源于学生论文的比例。

将辅助的问卷分发给 30 名已经毕业的硕士研究生来调查他们对抄袭现象的认识以及对其成因的看法。

4.3.5 数据分析

通过比较多所大学院校对抄袭检测结果的处理条例,本研究发现,大多数学校尚未出台成文的规定,而那些已经有成文规定的院校之间也并没有统一的标准。根据一些院校的规定,一篇论文中如果抄袭的部分少于 20%,被视作处于合理范围,学生可以直接参加答辩;如果在 21%~30%,需要论文导师将可疑内容与原文进行对比做出判断。另一方面,如果抄袭比例在 31%~50%,

学生必须延迟答辩。如果 50% 以上都是抄袭的,学生必须延迟毕业。

根据上述数据,并结合一些院校的规定,笔者将收集到的数据分成四个等级,0~20%、21%~30%、31%~50%、50% 以上,分别定义为"合理复制""轻度抄袭""中度抄袭"和"严重抄袭"。

最后,利用 Excel 和 SPSS 16.0 分析所获得的数据。不同年份、不同学校类型、不同研究方向的抄袭程度,它们的相同点和不同点以及趋势都可以通过 SPSS 的分析得出。

4.4 结果与讨论

本节探讨通过定量分析得出的结果。为了回答上文提出的 3 个研究问题,对数据结果进行讨论,从而揭示抄袭现象,并进一步探讨现象背后的原因。本节首先陈述了抄袭的整体情况,然后比较了不同毕业年份、不同类型学校、不同专业方向组别中的抄袭情况。

4.4.1 关于抄袭的总体描述

这一部分根据抄袭的严重程度展示了抄袭的总体分布情况,分析了引用来源,即引自网络、出版物和学生论文的情况。

4.4.1.1 抄袭程度

本研究所使用的数据都是从在线抄袭检测软件 Turnitin 中获得的,其表现形式是称为"相似性指数"的百分数。因此,本节中提到的"相似性指数",其概念与"抄袭程度"一致。

表 4.5　相似性指数基本情况

	Statistic	Std. Error	
Similarity Index	Mean	22.73	.477
	Median	22	
	Variance	113.955	
	Std. Deviation	10.675	
	Minimum	2	
	Maximum	78	
	Range	76	
	Skewness	.835	.109

通过 SPSS 的检测,每一篇文章都存在抄袭现象。如表 4.5 所示,在这 500 篇文章中,抄袭程度最低的为 2%,最高的为 78%。不同的作者写出的文章存在的抄袭程度不尽相同。由于偏态值是 0.835,在 -1 到 1 之间且非常接近 1,说明这些值成正态分布,也说明了数据的合理性。

```
Frequency     Stem & Leaf
    8.00      0.244&
   40.00      0.5556667778888899999
   62.00      1.000001111111222233334444444444
   91.00      1.5555555666666666677777777888888889999999999
  112.00      2.00000000000111111111222222222223333333333333444444444
   76.00      2.55555556666666666677777778888888999999
   47.00      3.000011122222333344444
   31.00      3.56677777889999
   15.00      4.000233&
    4.00      4.66
   14.00 Extremes    ( >=47)

Stem width:      10
Each leaf:        2 case(s)
& denotes fractional leaves.
```

图 4.1　相似性指数茎叶图

图 4.1 中茎叶图所示的是每一个相似性指数出现的频率。茎的宽度是 10，每片叶子代表 2 例，符号 & 表示半片叶子，即代表 1 例。比如，该图的第一行表示有 2 例的抄袭程度是 2%，5 例的抄袭程度是 4%，2%～4% 共有 8 例。根据图 4.1，显然抄袭程度为 20%～24% 的样本最多，其次为 15%～19%。在这些样本中，23% 数量最多。

表 4.6　不同抄袭程度的频率表

		Frequency	Percentage	Valid Percentage	Cumulative Percentage
Valid	0～20	223	44.6	44.6	44.6
	21～30	175	35.0	35.0	79.6
	31～50	96	19.2	19.2	98.8
	Above 50	6	1.2	1.2	100.0
	Total	500	100.0	100.0	

如上所述，收集到的数据分成四组，0～20%，21%～30%，31%～50% 以及 50% 以上，分别定义为"合理复制""轻度抄袭""中度抄袭"和"严重抄袭"。

多数收集的硕士论文是在合理的范围内复制了他人的文字，根据多数学校的规定，这一类复制尚不构成需要改动的抄袭。在这 500 篇硕士论文中，35% 的文章构成了轻度抄袭，而中度抄袭的比例有 19.2%，1.2% 的文章构成了严重抄袭。图 4.2 中的柱状图给出了这四组数据的分布情况，抄袭程度越高，发生的概率越小。

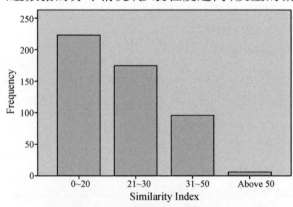

图 4.2　不同抄袭程度组别的柱状图

55.4%的被测文章所含有的他人文字的比例在20%以上,换言之,根据大部分院校的规定,半数以上的被测文章都属于需要改动的抄袭。硕士研究生在学术写作方面应该更加专业和严谨,如此大的比例是骇人听闻的。令人稍感欣慰的是,97.8%的学生对论文稍作修改后即可将比例控制在合理的复制范围内,但是2.2%的文章复制过多,需要全部重写。

4.4.1.2 抄袭来源

　　如今,人们可以更加便捷地获取和复制他人的文字。学生在准备论文写作的时候可以参考成千上万的资源。本实验将来源分为三类:现有存档的互联网信息(50多亿网页索引);数百万来自期刊、杂志、出版物数据库的文章;数百万自1996年后上传到Turnitin的学生论文。这三个范畴分别被简称为网络、出版物、学生论文。不可避免,这三者之间会有重叠之处,但是这并不影响检测结果,因为本实验并不需要计算这些来源的总和,而是将这三者视为独立的个体。

表4.7　三种来源的相关性

		Source from the Internet	Source from Publications	Source from Student Papers
Source from the Internet	Pearson Correlation	1	.382**	.599**
	Sig. (2-tailed)		.000	.000
	N	500	500	500
Source from Publications	Pearson Correlation	.382**	1	.372**
	Sig. (2-tailed)	.000		.000
	N	500	500	500
Source from Student Papers	Pearson Correlation	.599**	.372**	1
	Sig. (2-tailed)	.000	.000	
	N	500	500	500

** Correlation is significant at the .01 level (2-tailed).

　　为了揭示不同来源的相似性指数之间的关系,以及它们各自与总相似性指数的关系,本研究利用SPSS进行了Pearson相关性分析。根据统计学知识,相关系数为.2到.4时,呈低相关性;系数在 0.4 和 0.7 之间,呈可行相关性,从某种程度上来说是显著的;系数在 0.7 和 0.9 之间,呈高相关性,较显著;系数在 0.9 以上,则相关性最高(秦晓晴,2003)。如表 4.3 所示,网络来源和出版物来源之间的相关性系数是.382**,可认为是较不显著;网络来源和学生论文来源的相关性系数为.599**,略为显著;而出版物来源和学生作品来源的相关性系数也较低,为.372**。如上所述,这几种来源之间会有重叠之处。比如,某篇学生作品可能曾经上传到 Turnitin 系统中检测原创性,因此它会被记录在数据库中,而这篇文章同时也可能被上传到公共网络上,所以也被囊括在网络来源中。讨论了三个数据之间的关系后,即可进行比较分析。

表 4.8　不同来源的比较

	Mean	N	Std. Deviation	Std. Error Mean
Source from the Internet	17.7	500	9.312	.416
Source from Publications	9.04	500	6.907	.309
Source from Student Papers	10.76	500	7.218	.323

如表 4.8 所示,在这 500 篇样本文章中,复制来源取自于网络的数量要远远大于另外两种来源。网络来源相似性范围的平均值是 17.7%,位列第一;学生论文来源的平均数位列第二,为 10.76%;出版物来源作为最权威的来源,其平均值为 9.04%,是三者中最少的。这一结果具有一定的合理性,因为对于学生而言,很容易就能在短时间内从网络中获取有用的信息,而阅读出版物并将内容理解消化成自己想写的内容稍显费时费力。

表 4.9　不同来源的相似性指数与总相似性指数的相关性

		N	Correlation	Sig.
Pair 1	Similarity Index & Source from the Internet	500	.891	.000
Pair 2	Similarity Index & Source from Publications	500	.645	.000
Pair 3	Similarity Index & Source from Student Papers	500	.697	.000

三种来源的相似性指数与总体相似性指数之间的相关性系数都很高(根据表 4.9,网络来源为.891,出版物来源为.645,学生论文为.697)。因此,三种来源的相似性指数与总体抄袭程度显然密

切相关。在这三种来源中,网络来源对总体抄袭程度影响最大。三组数据的 Sig. 显著值都是.000,小于.05,换言之,当 Sig. = .000 时,每组之间呈显著意义的线性关系。

很多文章都指出网络资料是抄袭的一个重要来源。"互联网上日益涌现的大量信息,对于学生来说,便捷的接触方式诱使学生直接从网页上下载材料,略作修改后便作为自己的成果上交了"(Culwin & Lancaster, 2001)。在网络信息时代,学生可以轻易复制粘贴网络材料或者别人的作品。"尽管一直在强调网络剽窃是不当的行为,但是网络的不当使用作为研究和写作的一种手段正在匪夷所思地快速蔓延。"(Lee, 2011)这不仅仅是因为网络资源庞大,容易获取,也是因为"人们普遍认为网络上的资源是公共的"(Lee, 2011),大家都可以随意引用。这也可以推断为网络来源占据如此大的份额的主要原因。在教学和学习过程中越来越依赖网络资源和网络技术,这意味着在今后的 10 年中,网络将持续为学习提供挑战和机遇,同时也带来更多形式的抄袭(Sutherland-Smith, 2008)。

4.4.2 抄袭的具体分布情况

在本节中,笔者试图通过比较不同组别中的数据来更清楚地呈现抄袭现象。具体而言,三组分别是根据不同毕业年份、不同学校类型和不同研究方向来区分的。同时,也分析了不同组别中不同来源的分布。

4.4.2.1 不同毕业年份

为了探讨不同毕业年份的抄袭趋势,笔者将 2006 年到 2008 年的数据进行了 Kruskal-Wallis 检验。

表 4.10 不同毕业年份抄袭情况之间的关系

	Similarity Index
Chi-Square	6.21
df	2
Asymp. Sig.	.045

表 4.10 的试验数据显示,Asymp. Sig. = .045,小于.05,说明

这 3 年的数据之间存在显著差异。

表4.11 不同年份组的方差

Levene Statistic	df1	df2	Sig.
.929	2	497	.396

表 4.11 显示，Sig. 远大于.05，说明三组数据的方差相同，因此下文的方差检验具有合理性。

表4.12 不同年份相似性指数平均值

Years of Graduation	Mean	N	Std. Deviation
2006	24.26	167	11.118
2007	22.32	167	10.250
2008	21.60	166	10.523
Total	22.73	500	10.675

2006、2007、2008 年的相似性指数的平均值分别为 24.26%、22.32% 和 21.6%，这些年份的数值有轻微下降的趋势，显示出抄袭现象从 2006 年到 2008 年间有所好转，但是并不显著，更何况这仅仅是平均值的趋势。本研究进一步比较了三年间不同抄袭程度之间的关系，结果见表 4.13。

从相似性指数 0～20% 的"合理复制"来看，2006 年占 12.8%，2007 年占 14.8%，2008 年占 17.0%，也就是说，合理复制的比例从 2006 年到 2008 年逐年增加，但是超过 20% 的抄袭程度则呈下降趋势。综上所述，这 3 年中，英语专业硕士论文从原创性角度而言有好转趋势，但是并不显著，抄袭现象仍大量存在。因此，改善这一现状仍需很大努力。

表4.13 不同毕业年份的相似性指数

2006 年的相似性指数

		Frequency	Percentage	Valid Percentage	Cumulative Percentage
Valid	0～20	64	12.8	38.3	38.3
	21～30	62	12.4	37.1	75.4
	31～50	38	7.6	22.8	98.2
	Above 50	3	0.6	1.8	100
	Total	167	33.4	100	

续表

2007 年的相似性指数

		Frequency	Percentage	Valid Percentage	Cumulative Percentage
Valid	0~20	74	14.8	44.3	44.3
	21~30	59	11.8	35.3	79.6
	31~50	33	6.6	19.8	99.4
	Above 50	1	0.2	0.6	100
	Total	167	33.4	100	

2008 年的相似性指数

		Frequency	Percentage	Valid Percentage	Cumulative Percentage
Valid	0~20	85	17.0	51.2	51.2
	21~30	54	10.8	32.5	83.7
	31~50	25	5.0	15.1	98.8
	Above 50	2	0.4	1.2	100
	Total	166	33.2	100	
Total		500	100		

前面提到,2001 年到 2008 年间,抄袭越来越受到关注,大多数研究都开始关注学术写作体系和规则的讨论和实施。一方面,这些年间出台了诸多处理抄袭的文件。2004 年 8 月,我国教育部颁布了《高等学校哲学社会科学研究学术规范》来抑制抄袭现象,并强调"学术论著应合理使用引文。不得以任何方式抄袭、剽窃或侵吞他人学术成果"。2009 年 3 月,教育部在《关于严肃处理高等学校学术不端行为的通知》中强调学术诚信的重要性,强调学生应当遵守学术规范,遵循学术道德,不作弊,不抄袭。另一方面,毕业论文的重要性近年来也越发受到关注(贺卫东,2004;孙文抗,2004)。条例的实施以及学校的一再强调对学生学术论文的写作产生了一定影响。但是,像 CNKI、万方和 ROST 这些抄袭检测平台和软件是 2008 年以后才应用到高校中的。因此,本实验所选择的那些年份时期,很难明确客观地评价一篇文章的抄袭情况。所以当时的学生可能存在侥幸心理。

陈述了这 3 年的抄袭情况后,本研究对不同抄袭来源也进行了分析。

表4.14 2006，2007和2008年不同来源的平均值

Years of Graduation		Source from the Internet	Source from Publications	Source from Student Papers
2006	Mean	19.01	9.48	11.07
	N	167	167	167
	Std. Deviation	9.673	7.152	7.862
2007	Mean	16.65	9.51	10.84
	N	167	167	167
	Std. Deviation	8.447	6.779	6.682
2008	Mean	17.45	8.11	10.37
	N	166	166	166
	Std. Deviation	9.664	6.729	7.085
Total	Mean	17.70	9.04	10.76
	N	500	500	500
	Std. Deviation	9.312	6.907	7.218

在这3年中，网络来源的重复率总是在第一位，学生论文来源第二，出版物来源最后。根据表4.14，每种来源之间并不存在线性关系。无论哪一年，网络都是学生寻找资源的首选，他们总是随意使用网络资源。同时，每一年的出版物来源总是发现抄袭现象最少。一方面，学生可能觉得相比有明确作者的出版物，使用网络资源更加安全；另一方面，对于出版物的引用而言，写作课上会经常讲到引用出版物的格式，学生比较了解其标注的方式，而网络资源的标注很少讨论到。

4.4.2.2 不同学校类型

和研究不同毕业年份的文章步骤一致，首先对三类学校，"985工程"高校、"211工程"高校和普通高校的数据进行Kruskal-Wallis检验，评估三组数据是否存在显著差异。

Kruskal-Wallis检验的结果显示了秩次和，由此可以进一步推断出指定组别所收集到的数据的关联度。

表 4.15　不同类型学校相似性指数的平均值

	School Type	N	Mean Rank
Similarity Index	"985 Project" Universities	161	256.52
	"211 Project" Universities	176	244.30
	Other Universities	163	251.25
	Total	500	

从表 4.15 可得,每一类学校的平均秩次都在 250 水平,"985 工程"高校和其他高校的略高于"211 工程"高校。表 4.16 中显示,Asymp. Sig. = .737 > .05,换言之,这三组数据没有显著差异。

表 4.16　不同类型学校抄袭情况的相关性

	Similarity Index
Chi-Square	.609
df	2
Asymp. Sig.	.737

由于不同学校类型的相似性指数平均值没有显著差异,本研究决定分别探讨这几类学校的抄袭程度。

为了比较不同类型学校的抄袭程度,本节选择表 4.17 中的"可用百分比"这一参数进行比较。在相似性指数低于 20% 的合理复制中,"985 工程"高校和其他高校几乎持平,都比"211 工程"高校略低。至于重复率超过 50% 的严重抄袭情况,其他高校的数量要比"985 工程"高校和"211 工程"高校多。

表 4.17　不同类型学校的相似性指数

"985 工程"高校的相似性指数

		Frequency	Percentage	Valid Percentage	Cumulative Percentage
Valid	0~20	67	13.4	41.6	41.6
	21~30	59	11.8	36.6	78.3
	31~50	34	6.8	21.1	99.4
	Above 50	1	0.2	0.6	100.0
	Total	161	32.2	100.0	

续表

"211 工程"高校的相似性指数

		Frequency	Percentage	Valid Percentage	Cumulative Percentage
Valid	0~20	86	17.2	48.9	48.9
	21~30	55	11.0	31.2	80.1
	31~50	33	6.6	18.8	98.9
	Above 50	2	0.4	1.1	100.0
	Total	176	35.2	100.0	

其他高校的相似性指数

		Frequency	Percentage	Valid Percentage	Cumulative Percentage
Valid	0~20	70	14.0	42.9	42.9
	21~30	61	12.2	37.4	80.4
	31~50	29	5.8	17.8	98.2
	Above 50	3	0.6	1.8	100.0
	Total	163	32.6	100.0	

综上所述，不同学校类型中轻度抄袭的比例没有显著差异，而有关严重抄袭的比例，其他高校要高于另外两类高校，但差距并不显著。因此，无论是哪一类高校，大部分学生都存在抄袭行为。抄袭在我国英语专业硕士毕业生论文中是一个普遍现象，应当引起公众的关注。

通过对相似文本的来源进行比较，由表4.18可知，无论是哪一类学校，总是互联网来源所占比例最高，其次是学生论文，最后是出版物。逐一分析，对于互联网来源和学生论文来源而言，其他高校的平均值最高，而对于出版物来源而言，"985工程"高校的平均值最高。来自其他高校毕业论文的互联网来源和学生论文来源在平均值之上，来自其他高校的毕业论文其出版物来源的比例在平均值之下。

表 4.18　不同类型学校不同抄袭来源的平均值

		Source from the Internet	Source from Publications	Source from Student Papers
"985 Project" Universities	Mean	17.52	9.80	10.65
	N	161	161	161
	Std. Deviation	8.251	7.522	6.663
"211 Project" Universities	Mean	17.31	9.40	10.55
	N	176	176	176
	Std. Deviation	8.752	7.003	6.755
Other Universities	Mean	18.30	7.88	11.11
	N	163	163	163
	Std. Deviation	10.795	6.001	8.195
Total	Mean	17.70	9.04	10.76
	N	500	500	500
	Std. Deviation	9.312	6.907	7.218

显然,"985 工程"高校和"211 工程"高校的学生有更多的机会接触出版物来源。因为相对而言,重点院校在文献数据的建设中通常比所谓的非重点院校投入更多的资本和精力。因此,其他高校的学生唯有更多地求助于网络资源。但是,能够更为便捷地使用出版物来源并不意味着更合理的引用行为。就来源来说,重点院校在出版物来源的引用上更多地被检测到抄袭,这表明亟须加强关于合理引用的指导。

4.4.2.3　不同专业方向

多数院校的英语专业设置了四个学术型的研究方向,即理论语言学、应用语言学、翻译学和文学。每个方向都有特定的课程和重点,本研究假设该因素或许对学生的抄袭行为有一定影响,但这种假设是否合理尚待验证。

笔者对此依然使用秩次和检验,即 Kruskal-Wallis 检验来研究这四个方向数据之间的关系。

表 4.19 不同专业方向抄袭情况的相关性

	Similarity Index
Chi-Square	11.120
df	3
Asymp. Sig.	.011

表 4.19 显示，Asymp. Sig. = .011 < .05，说明这四组数据的方差之间存在显著差异。

表 4.20 不同专业方向的平均值

Specialities	Mean	N	Std. Deviation
Theoretical Linguistics	23.13	126	9.785
Applied Linguistics	23.89	220	10.742
Translation	19.86	87	7.605
Literature	21.85	67	14.337
Total	22.73	500	10.675

表 4.20 对比了每个方向的相似性指数的平均值，理论语言学和应用语言学的数据高于翻译学和文学的数据。文学方向的标准差最高，这表明这个方向的数据内部的差异比其他方向的更加显著。

表 4.21 不同专业方向的相似性指数

理论语言学方向文本的相似性指数

		Frequency	Percentage	Valid Percentage
Valid	0~20	51	10.2	40.5
	21~30	48	9.6	38.1
	31~50	26	5.2	20.6
	Above 50	1	0.2	0.8
	Total	126		100

应用语言学方向文本的相似性指数

		Frequency	Percentage	Valid Percentage
Valid	0~20	94	18.8	42.7
	21~30	66	13.2	30.0
	31~50	58	11.6	26.4
	Above 50	2	0.4	0.9
	Total	220		100

续表

翻译学方向文本的相似性指数

		Frequency	Percentage	Valid Percentage
Valid	0~20	42	8.4	48.3
	21~30	42	8.4	48.3
	31~50	3	.6	3.4
	Above 50	0	.0	.0
	Total	87	17.4	100

文学方向文本的相似性指数

		Frequency	Percentage	Valid Percentage
Valid	0~20	36	7.2	53.7
	21~30	19	3.8	28.4
	31~50	9	1.8	13.4
	Above 50	3	0.6	4.5
	Total	67	13.4	100

从表4.21可知,翻译学方向的合理复制、轻度抄袭和中度抄袭的总百分比比理论语言学、应用语言学都高。而对于重复率超过50%的严重抄袭而言,理论语言学、应用语言学和翻译学的数量都低于1%,其中翻译学的最少。但是文学方向的数量高达4.5%。综上所述,首先,翻译学和文学方向抄袭程度的平均值略高于另外两个方向。其次,文学方向的标准差最大,并且严重抄袭的篇数最多。最后,翻译学方向的学生抄袭情况最少。

表4.22 不同专业方向不同抄袭来源的分布

		Source from the Internet	Source from Publications	Source from Student Papers
Theoretical Linguistics	Mean	18.89	9.17	9.4
	N	126	126	126
	Std. Deviation	9.539	6.262	5.808
Applied Linguistics	Mean	17.2	11.39	10.93
	N	220	220	220
	Std. Deviation	8.814	7.773	7.103
Translation	Mean	16.99	4.97	9.91

续表

		Source from the Internet	Source from Publications	Source from Student Papers
Literature	N	87	87	87
	Std. Deviation	7.098	3.251	4.867
	Mean	18.03	6.36	13.88
Total	N	67	67	67
	Std. Deviation	12.469	4.96	10.83
	Mean	17.7	9.04	10.76
	N	500	500	500
	Std. Deviation	9.312	6.907	7.218

至于抄袭来源的分布，理论语言学、翻译学和文学方向的情况和总体情况一致（见表4.22），都是互联网来源最多，学生的论文其次，出版物来源最少，但是应用语言学中出版物来源略高于学生论文来源。

4.4.3 抄袭的原因

笔者结合 Sutherland-Smith(2008) 关于有意抄袭和无意抄袭的原因分类以及 Pennycook 的模型来探讨抄袭的原因。在问卷中，本节将原因归结为以下8类：

（1）学生不清楚抄袭的概念；
（2）毕业的压力导致他们没有时间处理毕业论文；
（3）抄袭的惩罚措施不清晰且惩罚力度轻；
（4）学生对研究的话题不感兴趣；
（5）受其他学生抄袭行为的影响；
（6）学生对自己的写作能力不自信；
（7）学生没有意识到毕业论文的重要性；
（8）懒惰，贪图省事。

实验选择了30名学生完成问卷，从这8个类别中选择自己认为导致抄袭的原因。

在这30名学生给出的答案中，无人认为英语专业硕士论文中不存在抄袭。其中28人认为肯定存在抄袭，另外两人表示对该情况不清楚。接受调查的学生中,有40%估测每篇文章的相似性指数平均值在0~20%之间,43.3%的人估测在21%~30%之间,13.3%的学生认为平均值在31%~50%之间,甚至有1名学生认为平均值可能超过50%。

随后,学生们被要求从调查问卷提供的几个原因中选出他们认为的造成抄袭的原因,给定选项都基于Pennycook(1994)的模型和Sutherland-Smith(2008)的研究发现。原因(1)被选择次数最多,占66.7%;其次是原因(2)和(6),分别是12人和11人;有7人同意原因(5);6人同意原因(3);原因(7)只有4人选择,即忽视了硕士毕业论文的重要性。没有学生认为兴趣是影响抄袭情况的原因。另外还有3名学生提出了其他原因,其中值得重视的是缺少接触初始文献的渠道。综上所述,在抄袭原因方面,我国的实际情况与英语国家的情况并不完全相同。最常见的三个原因是:对抄袭的认识有限、时间不足以及对语言能力信心不足。

Menager & Paulos(2009)列出了以下12点指导意见来帮助学生在撰写论文过程中避免抄袭:

(1) 写自己的文章,用自己的语言;
(2) 预留充分的时间对作业主题进行调研;
(3) 细心探究所用来源;
(4) 认真记录;
(5) 弄清是谁说的话;
(6) 标注来源;
(7) 正确引用来源;
(8) 确切并保守地引用;
(9) 释义并标注;
(10) 切忌拼凑编造;
(11) 使用概述;
(12) 避免使用他人的文章或求助于论文代写机构。

这些指导意见可以归为三个类别,即遵循正确的引用规范、预留足够时间、独立完成写作。这三类指导方案与学生认为的原因互相对应。

4.5 结 论

本研究试图揭示国内高等院校英语专业研究生硕士毕业论文中存在的抄袭现象的本质,并对不同群体具体引用行为的异同进行比较。笔者针对前面所提出的研究问题进行探讨后,总结出以下主要发现。

显然,抄袭对于学校、老师、政策决定者以及学生自己而言都是一个困扰。尽管在中国抄袭一直以来被公认为不恰当的行为,但这并不代表抄袭问题已经得以解决。事实上,这个问题一直存在,并且愈演愈烈。为了揭示抄袭的现状,笔者提出了三个主要研究问题。

第一个研究问题:英语专业研究生毕业论文的抄袭程度如何?本章从两个方面探讨这个问题。一方面,本研究根据抄袭程度的四个分类等级,即0~20%(合理复制)、21%~30%(轻度抄袭)、31%~50%(中度抄袭)、50%以上(严重抄袭),给出了这500篇文章相似性指数的分布情况。结果显示,在这500篇被测文章中,44.6%的文章在合理的范围内,35%的文章存在轻度抄袭,19.2%的文章被认定为中度抄袭,也就是需要对文章稍作修改。另外,1.2%的文章存在重度抄袭问题。55.4%的文章抄袭程度都在20%以上,换言之,超过半数学生毕业论文的复制程度超过了合理范围。稍感慰藉的是,仅有1.2%的文章被认定为严重到必须重新撰写。另一方面,笔者以抄袭来源为突破口分析该问题。网络来源相似性的平均数是17.7%,位列第一,其次是学生论文来源,排在最后的是出版物来源,为9.04%。另外,网络来源的平均值对总体相似性指数的影响最大。

第二个研究问题:不同群体中学生的抄袭情况有何异同? 笔者探析了三组人群中的抄袭情况。第一组人群毕业年份不同。2006、2007、2008年的相似性指数分别是24.26%、22.32%和21.6%,3年的数据有略微下降的趋势。换言之,从原创性的角度来看,这三年英语专业研究生硕士论文的质量呈好转趋势。三年中,每年都是网络来源的抄袭率最高,学生论文其次,出版物最后。

第二组人群所在学校不同。在这一组中,相似性指数的平均值没有明显差异,无论哪个学校的英语专业硕士论文,都存在抄袭,这是一个普遍现象。从来源来看,网络来源和学生论文来源引用最多的是其他高校学生,而出版物来源则是"985工程"高校学生引用的最多。

第三组人群研究方向不同。根据Turnitin的检测结果显示,翻译学方向的学生抄袭情况最乐观。至于抄袭的来源,四个研究方向都相似,都是网络来源最多,学生论文来源第二,出版物来源最少。但是在应用语言学方面,出版物来源要稍高于学生论文。

第三个研究问题:导致抄袭的原因有哪些?调查问卷的结果显示,在硕士研究生中,大多数学生都意识到抄袭的严重性。至于原因,调查认为最主要的是对抄袭的认识不够、写作时间不足、对自己的写作水平信心不足和参考文献资源缺乏,这与上面所分析的抄袭的基本情况也相符。

第五章 论文抄袭对比研究

抄袭是世界范围内的毒瘤和顽疾,已经引起了全世界的广泛关注。国内研究生论文同样存在抄袭现象,并引起了专家学者们的重视。目前国内外虽有一些相关研究,但很少关于研究生论文抄袭的研究。本章重点分析讨论我国英语专业硕士研究生毕业论文的抄袭行为,期望本研究对提高硕士研究生毕业论文质量有一定的帮助。

5.1 引 言

科学知识的获取和交流都以科学家和各界学者的诚信为基础。然而,在科学发展的过程中,特别是在当代科学研究中,科研学术诚信不断面临新的挑战(科技部,2009)。学术诚信已经成为全球性的问题,违背学术诚信的行为之一就是学术抄袭,学术抄袭现象在当今社会愈演愈烈,近年来,关于抄袭的报道屡见不鲜。信息全球化、互联网的出现使资源分享更加容易,也加剧了学术造假事件的发生(贾冠杰和邓漪涟,2014)。本研究主要对比分析2003年和2010年671篇英语硕士论文,通过对比分析,找出其中的异同和产生差别的原因,并针对存在的问题提出相关建议。

5.2 文献综述

世界权威词典《朗文当代高级英语词典》(2011:1733)对"抄袭"(plagiarism)的定义如下:"使用他人的话语、观点或者作品,并且冒充是自己的行为"。抄袭现象在全世界是比较普遍的现象。论文的抄袭与剽窃不仅浪费了有限的学术资源，败坏了学术风气，而且对构建和谐社会造成了极大的损害，已成为学术界的一大公害。为了肃清学术界的这种不良的风气，国内外学者开始重视重复率的研究。Love & Simmons（1998）对英语研究生抄袭的原因做出了分析。Esra Eret（2010）通过实证研究的方法，探讨高等教育中的抄袭现象，结果表明，尽管受试者反对抄袭，但是他们仍会有抄袭行为。为了了解人们对于抄袭的看法，Paulo & Ana（2014）调查了来自欧洲7个国家的170位老师和334位中学生，结果表明，学生和老师都知道抄袭行为是可耻的、不合法的。学生把抄袭的原因归结为便捷的网络资源获取途径，老师们则把原因归结为学生技巧的缺失、迫于获得高分的压力、懒惰以及不会被发现的侥幸心理。

　　国内的学术抄袭现象也比较普遍，这一问题受到越来越多专家学者的重视。钟伟珍和黄国文（1999）分析了英语专业研究生学位论文中参考文献的引用规范化问题。曲梅（2007）分析了学术造假中的急功近利现象，指出急功近利是导致学术造假的直接原因。熊壮等（2011）调查了硕士生学位论文复制比的主要影响因素，得出以下结论：导师因素、学术教育因素、学术行为监督因素、工作预期因素是影响硕士研究生学位论文复制比的主要影响因素。方润生等（2013）以某省部分高校320篇硕士学位论文为研究对象，对其文献复制比初次检测结果进行了统计分析，结果显示硕士研究生学位论文具有较为明显的抄袭现象。目前，国内对英语专业硕士研究生毕业论文抄袭行为进行实证研究的成果很少，只看到了贾冠杰和邓漪涟（2014）的论文，这篇论文是教育部人文社会科学研究规划基金项目的部分研究成果。

5.3 研究设计

5.3.1 研究问题

本节围绕以下几个问题展开讨论：(1) 2003年与2010年英语专业硕士研究生毕业论文总体抄袭程度如何？并存在什么样的差异？(2) 2003年与2010年不同抄袭材料来源有什么异同？(3) 2003年与2010年不同类别学校论文的抄袭率有什么异同？(4) 2003年与2010年不同研究方向的重复率有什么异同？

5.3.2 研究材料

本研究材料来自贾冠杰团队自建语料库的一部分，主要收集了2003年和2010年英语专业硕士研究生毕业论文671篇的正文部分，删除了论文的摘要、致谢、参考文献等部分。2003年335篇，其中"985工程"学校112篇，"211工程"学校111篇，普通高校112篇，同时包括理论语言学84篇，应用语言学84篇，翻译学83篇，文学84篇。2010年336篇，其中"985工程"学校108篇，"211工程"学校95篇，普通高校133篇，同时包括理论语言学84篇，应用语言学79篇，翻译学80篇，文学93篇。

5.3.3 研究工具

目前国内用得最多的论文重复率检测软件是中国知网的"AMLC学术不端文献检测系统"，还有一些其他的检测软件，如PaperPass论文检测、万方论文检测、知网期刊论文检测、维普论文检测等，这些软件对中文文本抄袭率检测比较专业。而全世界最著名的英文文本抄袭率检测系统则是Turnitin平台系统。它具有领先全球的防范剽窃与提供丰富反馈的技术，适合外语检测和留学生论文检测，语言种类涵盖了中文（或繁体）、英文、德文、韩文、法文、日文、阿拉伯文等语言。Doctor Dorothy Bushnell说过："我已经使用Turnitin数年了，而它完全改变了我学生研究写作知识的真实性、诚实性和准确性"(Turnitin 白皮书,2012)。通过 Turnitin 检测系统,我们对英语专业硕士研究生毕业论文的抄袭行为进行了分析研究。

5.3.4 研究过程

在贾冠杰团队语料库的基础上,本研究组建了 2003 年和 2010 年两个小型语料库,包括 668 篇英语专业硕士论文。数据收集后,对数据进行处理,然后将这些处理好的数据上传到 Turnitin 检测系统,得到一系列的数据,包括总抄袭率、资料来自网络的比例、学生论文比例、出版物比例等。最后利用数据统计软件 SPSS17.0 和相关国内外文献以及笔者的理解分析所得到的数据。

5.4 结果与讨论

本节首先分析了 2003 年与 2010 年总体抄袭情况,然后对不同类型学校、不同研究方向和材料的不同来源等进行分析研究。

5.4.1 抄袭的总体情况

本节针对 2003 年和 2010 年总体抄袭情况进行认真的分析与研究。

表 5.1 2003 年和 2010 年重复率描述统计量表

	年份	N	均值(%)	标准差	均值的标准误
重复率(%)	2010	336	23.69	8.820	.481
	2003	332	28.39	13.719	.753

从表 5.1 可以看出,2010 年重复率的均值是 23.69%,而 2003 年重复率的均值是 28.39%,可见 2010 年比 2003 年重复率少了 4.7%。这表明 2010 年较 2003 年总的重复率有所下降。2003 年的均值标准误是 0.753,2010 年的均值标准误是 0.481。这表明 2003 年总的重复率数据与均值相比更分散。

表 5.2　2003 年和 2010 年重复率比较

		Levene 方差齐性检验		均值齐性 t 检验					
								差值 95% 置信区间	
		F	Sig.	t	Sig.（双侧）	均值差值	标准误差值	下限	上限
重复率(%)	方差齐性	35.880	.000	-5.281	.000	-4.707	.891	-6.457	-2.957
	方差非齐性			-5.268	.000	-4.707	.894	-6.462	-2.952

表 5.2 显示,Levene 齐性方差检验表明变量显著性概率（Sig.）为 0.000,小于 0.05,说明两组的方差差异显著,因此需要查看"方差非齐性"一栏的数据作为 t 检验的结果数据。由于 2010 年在变量上的平均值低于 2003 年变量上的平均值,因此 t 值和均值差值都为负值,Sig.（双侧）为双尾 t 检验的显著性概率,这两组在这个变量上的显著性概率为 0.000,小于 0.05 的显著水平,表明 2003 年和 2010 年在重复率这个变量上有显著性差异。

表 5.3　2003 年和 2010 年不含引文的重复率分组描述统计量表

	年份	样本数	均值	标准差	均值的标准误
不含引文	2003	332	24.10	12.881	.708
	2010	336	18.70	7.254	.397

从表 5.3 可以看出,2003 年不含引文重复率的均值是 24.10%,而 2010 年不含引文的重复率均值是 18.7%,可见 2010 年比 2003 年在不含引文的重复率方面少了 5.4%,这表明 2010 年较 2003 年总的不含引文的重复率有所下降。

表 5.4　2003 年和 2010 年不含引文的重复率比较

		Levene 方差齐性检验		均值齐性 t 检验						
									差值 95% 置信区间	
		F	Sig.	t	df	Sig.（双侧）	均值差值	标准误差值	下限	上限
不含引文 %	方差齐性	61.841	.000	6.675	663	.000	5.405	.810	3.815	6.995
	方差非齐性			6.659	519.214	.000	5.405	.812	3.811	7.000

表 5.4 表明,Sig.(双侧)为双尾 t 检验的显著性概率在这个变量上的显著性概率为 0.000,小于 0.05 的显著水平,表明 2003 年和 2010 年在不含引文的重复率这个变量上有显著性差异。

从上述四个表格可以看出 2003 年和 2010 年总体的抄袭情况。2010 年与 2003 年相比,抄袭率明显下降。

5.4.2 不同抄袭材料来源比较

随着社会的发展,特别是电子世纪的到来,论文抄袭来源的渠道繁多,本节重点讨论学生抄袭材料的 3 个不同来源。

表 5.5　2003 年不同抄袭材料来源比较

材料来源	均值	计数	标准差	均值标准误差
互联网	22.75	335	12.617	.692
出版物	9.77	335	7.487	.411
学生论文	13.80	335	8.658	.475

表 5.6　2010 年不同抄袭材料来源比较

材料来源	均值	计数	标准差	均值标准误差
互联网	19.59	336	7.921	.432
出版物	8.53	336	5.563	.303
学生论文	11.96	336	6.411	.350

表 5.5 和表 5.6 显示,来自互联网的抄袭率明显高于出版物和学生论文。在 671 篇样本中,复制来源取自于网络的数量要远远大于另外两种来源。其平均值分别是 22.75% 和 19.59%,位列第一。学生论文来源的平均值位列第二,分别为 13.80% 和 11.96%。然而,出版物来源作为最权威的来源,其平均值为 9.77% 和 8.53%,是三者中最少的。这在某种程度上有其合理性,因为对于学生来说,很容易就能在短时间内从网络中获取有用的信息。大量学生反映查找不到自己需要的纸质文献,因此学校应当提供更多方便学生阅读最新、最权威出版物的机会和文献,要教会学生正确地使用纷繁复杂的网络来源。同时,研究生自身要从思想上和行动上高度重视如何合理复制并减少抄袭行为,学会

创新。通过表5.5和表5.6可以发现，2003年来自互联网、出版物和学生论文的抄袭率分别是22.75%、9.77%和13.80%；2010年分别是19.59%、8.53%和11.96%，总体呈降低趋势。这和近几年来学术诚信的重视和课堂上老师的指导密不可分。学生如何正确引用，知道什么是引用，什么情况下要引用，引用什么内容，怎样引用是至关重要的。

表5.7　2003年和2010年抄袭来自互联网比较

		Levene方差齐性检验	均值齐性t检验				差值95%置信区间	
		Sig.	t	Sig.（双侧）	均值差值	标准误差值	下限	上限
互联网	方差齐性	.000	3.879	.000	3.158	.814	1.559	4.756
	方差非齐性		3.869	.000	3.158	.816	1.554	4.761

从表5.7可以得出，Sig.（双侧）为双尾t检验的显著性概率，在这个变量上，其显著性概率为0.000，小于0.05的显著水平，表明2003年和2010年在抄袭来自互联网的比率这个变量上有显著性差异。

表5.8　2003年和2010年抄袭来自出版物比较

		Levene方差齐性检验	均值齐性t检验				差值95%置信区间	
		Sig.	t	Sig.（双侧）	均值差值	标准误差值	下限	上限
出版物	方差齐性	.001	2.434	.015	1.241	.510	.240	2.243
	方差非齐性		2.430	.015	1.241	.511	.238	2.245

表5.8显示，Sig.（双侧）为双尾t检验的显著性概率，在这个变量上，其显著性概率为0.015，小于0.05的显著水平，表明2003年和2010年在抄袭来自出版物这个变量上有显著性差异。

表 5.9　2003 年和 2010 年抄袭来自学生文稿比较

		Levene 方差齐性检验	均值齐性 t 检验						
								差值 95% 置信区间	
		Sig.	t	Sig.（双侧）	均值差值	标准误差值	下限	上限	
学生文稿	方差齐性	.000	3.114	.002	1.834	.589	.677	2.990	
	方差非齐性		3.108	.002	1.834	.590	.675	2.993	

从表 5.9 可以得出，Sig.（双侧）为双尾 t 检验的显著性概率，在这个变量上，其显著性概率为 0.002，小于 0.05 的显著水平，表明 2003 年和 2010 年在抄袭来自学生论文这个变量上有显著性差异。

5.4.3　不同学校类型抄袭率的比较

表 5.10　"985 工程"院校 2003 年与 2010 年重复率比较

"985 工程"高校		Levene 方差齐性检验		均值齐性 t 检验					
								差值 95% 置信区间	
		F	Sig.	t	Sig.（双侧）	均值差值	标准误差值	下限	上限
重复率	方差齐性	4.539	.034	2.582	.010	3.940	1.526	.933	6.948
	方差非齐性			2.596	.010	3.940	1.518	.947	6.934

表 5.10 表明，Sig.（双侧）为双尾 t 检验的显著性概率，在这个变量上，显著性概率为 0.010，小于 0.05 的显著水平，表明 "985 工程"院校在 2003 年和 2010 年的重复率上存在显著性差异。

表 5.11　"211 工程"院校 2003 年与 2010 年重复率比较

"211 工程"院校		Levene 方差齐性检验		均值方程的 t 检验					
								差值 95% 置信区间	
		F	Sig.	t	Sig.（双侧）	均值差值	标准误差值	下限	上限
重复率	方差齐性	13.113	.000	2.045	.042	3.389	1.657	.122	6.657
	方差非齐性			2.111	.036	3.389	1.606	.221	6.558

从表 5.11 可以得出，Sig.（双侧）为双尾 t 检验的显著性概率在这个变量上的显著性概率为 0.036，小于 0.05 的显著水平，表明"211 工程"院校在 2003 年和 2010 年的重复率上存在显著性差异。

表 5.12 普通院校 2003 年与 2010 年重复率比较

普通院校		Levene 方差齐性检验		均值齐性 t 检验					
								差值95%置信区间	
		F	Sig.	t	Sig.（双侧）	均值差值	标准误差值	下限	上限
重复率	方差齐性	21.956	.000	4.607	.000	6.735	1.462	3.855	9.615
	方差非齐性			4.430	.000	6.735	1.520	3.734	9.735

从表 5.12 可以得出，Sig.（双侧）为双尾 t 检验的显著性概率，在这个变量上，其显著性概率为 0.000，小于 0.05 的显著水平，表明普通院校 2003 年与 2010 年的重复率存在显著性差异。

表 5.13 2003 年与 2010 年不同学校类型抄袭率比较

		2003 总抄袭率				2010 总抄袭率			
		均值	标准差	极大值	计数	均值	标准差	极大值	计数
学校类型	"985 工程"院校	22.56	11.5007	80	112	16.98	7.5638	46	108
	"211 工程"院校	23.68	13.7372	84	111	19.84	7.9149	52	95
	其他	26.04	13.2062	71	112	19.71	6.9480	37	133

通过表 5.13 我们可以发现，与 2003 年相比，2010 年的重复率呈现出下降趋势，显示出抄袭现象在 2003 到 2010 年间有所好转。通过分析 2003 年和 2010 年的极大值，可以看出抄袭率的极大值和学校知名度不成正比关系。但是 2010 年三种类型学校抄袭率的极大值明显低于 2003 年抄袭率的极大值。

表 5.14 2003 年和 2010 年不同类型的学校在互联网上抄袭率的比较

	2003 互联网				2010 互联网			
	均值	标准差	计数	极大值	均值	标准差	计数	极大值
"985 工程"院校	21.72	12.2401	112	91	18.94	7.6144	108	61
"211 工程"院校	21.78	13.0117	111	94	20.00	7.3132	95	50
普通院校	24.71	12.4802	112	81	19.82	8.8822	133	45

表 5.14 从互联网角度比较 2003 年和 2010 年不同类型学校之间抄袭率的差异,不论是 2003 年还是 2010 年,来自互联网的抄袭率一直较高,这和科技发展、互联网的普及相关。2010 年来自互联网的抄袭率和 2003 年来自互联网的抄袭率相比,呈下降趋势。

表 5.15 2003 年和 2010 年不同类型的学校在出版物上抄袭率的比较

	2003 出版物				2010 出版物			
	均值	标准差	计数	极大值	均值	标准差	计数	极大值
"985 工程"院校	10.14	7.2458	112	35	8.57	4.7053	108	36
"211 工程"院校	8.45	7.5435	111	55	8.68	5.8708	95	25
普通院校	10.68	7.5590	112	37	8.41	6.3941	133	28

表 5.15 从出版物角度比较 2003 年和 2010 年不同类型学校之间抄袭率的差异,不论是 2003 年还是 2010 年来自出版物的抄袭率一直都不是很高,这和科技发展、互联网的普及有关,也和学生读书意识淡薄有关。2010 年来自出版物的抄袭率和 2003 年来自出版物的抄袭率相比,呈下降趋势。

表 5.16 2003 年和 2010 年不同类型的学校在学生论文上抄袭率的比较

	2003 学生论文				2010 学生论文			
	均值	标准差	计数	极大值	均值	标准差	计数	极大值
"985 工程"院校	12.68	7.6006	112	36	11.84	6.6023	108	38
"211 工程"院校	13.24	8.5815	111	43	11.75	7.3827	95	54
普通院校	15.46	9.5095	112	46	12.69	5.9438	133	31

表 5.16 从学生论文角度比较 2003 年和 2010 年不同类型学校之间抄袭率的差异,数据显示,不论是 2003 年还是 2010 年,来

自学生文稿的抄袭率一直都不是很高,介于互联网和出版物之间。其次,2010年来自学生论文的抄袭率和2003年来自学生论文的抄袭率相比,呈现下降趋势。

5.4.4 不同专业之间的比较

英语专业研究生的研究方向一般分为理论语言学、应用语言学、文学和翻译学,本节主要讨论这四个不同方向之间抄袭率的差异。

表5.17 2003年不同专业方向比较

	%	频数	%		%	频数	%		%	频数	%		%	频数	%
理论语言学	小于30	59	70.24	应用语言学	小于30	57	67.88	翻译学	小于30	45	54.22	文学	小于30	61	72.62
	30~50	20	23.81		30~50	24	28.57		30~50	34	40.96		30~50	21	25.00
	高于50	5	5.95		高于50	3	3.55		高于50	4	4.82		高于50	2	2.38
	合计	84	100		合计	84	100		合计	83	100		合计	84	100

表5.18 2010年不同专业方向比较

	%	频数	%		%	频数	%		%	频数	%		%	频数	%
理论语言学	小于30	62	73.81	应用语言学	小于30	60	75.95	翻译学	小于30	65	81.25	文学	小于30	68	73.12
	30~50	19	22.62		30~50	17	21.52		30~50	13	16.25		30~50	22	23.65
	高于50	3	3.57		高于50	2	2.53		高于50	2	2.50		高于50	3	3.23
	合计	84	100		合计	79	100		合计	80	100		合计	93	100

从表5.17可以看出,文学研究方向论文的抄袭率低于30%的总百分比要高于理论语言学、应用语言学和翻译学研究方向,这里"抄袭率低于30%"的数据越大越好;从抄袭率高于50%的百分比来看,文学研究方向的论文抄袭程度最低,这里"抄袭率高于50%"的数据越小越好。从这两个数字可以看出,文学方向论文的抄袭率最低。

从表5.18可以看出,翻译学研究方向论文的抄袭率低于30%的总百分比要比理论语言学、应用语言学和文学研究方向的高,从重复率超过50%的论文来看,翻译学研究方向和应用语言学方向的论文抄袭率最低。从以上两个数字可以看出,翻译学方向论文的抄袭率最低。

对比分析表5.17和表5.18数据可以发现,2010年这四个不同专业方向低于30%的百分比明显高于2003年四个专业低于30%的百分比,这表明2010年的抄袭率下降。再看重复率高于50%的论文,2010年低于2003年。这再次表明2010年的抄袭现象有所好转。有很多原因促进这种趋势的产生:一是相关部门对抄袭的重视,颁布了相关的文件,加大了对抄袭的处罚力度;二是硕士研究生导师的正确引导和研究生对学术诚信认识的提高和重视;三是学生自身的醒悟,特别是近些年来,新闻媒体曝出的学术造假丑闻也给硕士研究生们敲响了警钟。

5.5 结 论

本研究针对四个研究问题进行了认真的分析研究,其研究结果如下:(1)2003年和2010年英语专业研究生毕业论文的抄袭现象普遍存在,但抄袭的程度不同。2003年与2010年在总的重复率方面存在显著性差异,与2003年相比,2010年总的抄袭率明显下降。(2)2003年抄袭材料来源于互联网、出版物和学生论文,与2010年抄袭材料来源于互联网、出版物和学生论文之间存在显著性差异。不论是2003年还是2010年,抄袭来源取自于网络的数量要远远大于另外两种来源。(3)在2003年和2010年抄袭率的差异方面,"985工程"高校、"211工程"高校和普通高校三类高校论文抄袭率都存在显著性差异。另外,2003年与2010年不同学校类型之间抄袭率和抄袭材料来源也存在不同。(4)2003年不同方向的重复率之间存在差别,文学研究方向的论文抄袭程度与应用语言学、理论语言学和翻译学相比相对较低。2010年不同方向的重复率之间也存在差别,翻译学研究方向的论文抄袭程度与应用语言学、理论语言学和文学相比相对较低。当然,每一个研究方向的论文都存在一定的问题,需要引起我们的高度重视。

第六章 论文语言错误分析(1)

英语写作在英语四大技能中是最复杂也是最难掌握的一项技能,写作时学习者需要依靠词汇、语法、句法和篇章知识将思路表达出来,是作者英语综合能力的体现。研究应用写作将有助于提高学生的英语写作能力。本章基于自建的语料库对英语专业硕士研究生毕业论文中的语言错误以及错误发生的原因进行了分析研究,以帮助英语专业研究生增强意识,提高论文写作的质量。

6.1 引 言

毕业论文是英语专业硕士研究生3年学术研究和十多年英语学习结果的总结,语言错误无疑会影响整个论文的质量,因此开展对英语专业研究生毕业论文中语言错误研究就显得十分必要和及时。近些年来,有些专家学者开始关注英语专业研究生毕业论文的写作问题,但相关研究并不多。本研究借助在线系统 Turnitin 的错误自动检测功能,研究了504篇英语专业硕士研究生毕业论文中的语言错误,旨在发现和分析英语专业硕士研究生在毕业论文中常犯的语言错误频率、类型以及错误产生的原因,以帮助在校英语专业研究生提高毕业论文的写作质量,并为搞好英语论文写作教学提供参考。

纵观相关研究,国内外只有少量关于研究生毕业论文的研究成果,如 Hyland(1990)调查了非英语专业硕士研究生的科研论文结构等相关问题,向婵(2006)、Deng 等(2010)、刘敬伟和冯宗祥(2010)、王雪梅(2012)、姜亚军(2013)等研究了研究生论文的结尾、教材、标题、被动语态等问题。从先前的相关研究来看，除了贾冠杰和乔良文（2014）的研究外，很少涉及英语专业硕士研究生毕业论文语言错误的研究，特别是采用实证研究的方法对英语专业硕士研究生毕业论文中语言错误进行大面积的研究几乎没有。现有的相关研究对学生论文中英语语言错误原因的解释大多是自我主观总结，而本研究运用问卷和访谈的方法分析错误的原因，相比主观总结更具可信度。

6.2 研究设计

6.2.1 研究问题

本章主要研究以下三个问题：

（1）英语专业硕士研究生毕业论文中出现的语言错误有哪些？其出现的频率如何？

（2）不同类型高校英语专业硕士研究生毕业论文中的语言错误有何差异？

（3）英语专业硕士研究生毕业论文中出现语言错误的原因有哪些？

6.2.2 研究材料

本章基于贾冠杰及其团队共建的英语专业硕士研究生毕业论文语料库，按年份、学校类型和研究方向选取了长度基本相当的504篇论文。由于本研究是教育部项目的一部分，我们进行分段研究，所以本研究材料选用了2003年、2004年和2005年三年时间段，学校类别有"985工程"高校、"211工程"高校和普通高校；英语专业的四个研究方向是翻译学、理论语言学、应用语言学和文学。

6.2.3 研究工具

（1）Turnitin

Turnitin是由英国ROGEAM DIGITAL推出的一款数字图书馆

平台,是国际上权威的英文论文检测系统。Turnitin最初是一个基于互联网的反剽窃检测系统,后来在Grademark中又并入了ETS(Educational Testing Service)的E-rater功能,可以对导入其中的文本进行即时错误标注和统计。E-rater一直应用于托福、雅思等英语水平考试的作文批改中,其信度已被证实,并被广泛使用。Turnitin系统检测的错误覆盖语法类(grammar)、用法类(usage)、技术类(mechanics)和风格类(style)四大类,包含32种具体语法错误,其中语法类包括9种错误,用法类包括8种错误,技术类包括10种错误,风格类包括5种错误。本章重点研究两大类错误:(1)语法类的9种错误:连写句、错误或遗漏的词、句子不通、混淆词、主谓不一致性、所有格错误、代词错误、形式错误的动词和不完整句子;(2)用法类的8种错误:冠词错误、介词错误、用其他词代替冠词、词的错误形式、表意不清的句子、错误的比较、非标准的词形式和否定句错误。两大类共计17种错误。

（2）问卷

本研究通过问卷调查的方式分析英语专业硕士研究生毕业论文中语言错误的原因,问卷包括四个开放性问题,如:这种错误在英语专业研究生论文中经常出现,根据你的经验,你觉得可能的原因是什么？共邀请了31位来自6所不同高校刚完成毕业论文写作的英语专业硕士研究生回答问卷,并鼓励他们给出尽可能多的答案。

（3）访谈

为配合问卷一起寻找错误原因,本研究还进行了访谈。采访了苏州某大学四位英语专业刚完成硕士毕业论文写作的三年级研究生。访问过程如下:首先把含有下划线错误句子的论文给研究生自己纠错,如果学生能顺利改正,学生就会被问之前写作时为什么会犯这种错误。如果没能纠正,学生就会被问别的可以类比的问题,看错误是仅出现在某种特定情景下还是反复发生。如果是前一种情况,就会问学生之前怎么没有类比地思考过,如果是后者情况的话,说明学生对涉及的规则没有掌握。

6.2.4　研究步骤

第一阶段:材料收集

首先从三个年份(2003—2005)、三类高校("985工程"高校、"211工程"高校、普通高校)和四个研究方向(翻译学、理论语言学、应用语言学、文学)的英语专业硕士研究生毕业论文中选取长度基本相当的504篇论文,然后将不同格式的论文统一转换成Word文档。由于Turnitin对每一次导入其中进行错误标注的文章有字数限定(每篇不超过55000个字符),因此一篇硕士研究生的毕业论文需要切分为3到4个小的Word文档,再把所有小文档上传到Turnitin系统进行分析,这样一篇论文需要上传3至4次。

第二阶段:问卷调查

在17种语言错误类型中选出错误频率最高的前四种错误进行问卷调查,找出造成这些错误的原因。

第三阶段:数据分析

将通过Turnitin获得的大量数据导入SPSS统计软件进行数据分析,同时,对问卷调查的材料进行分类总结和分析,从而为回答本研究的三个研究问题提供数据支撑。

6.3 结果与讨论

6.3.1 论文总体语言错误分析

表6.1 主要语言错误出现的频率

错误类型	错误总数	百分比
冠词错误	62,033	48.70%
不完整句子	14,909	11.71%
连写句	14,095	11.07%
介词错误	9,552	7.50%
混淆词	5,566	4.37%
所有格错误	3,919	3.08%

由表6.1可以看出,学生在英语论文中所犯最多的语言错误是冠词错误,占错误总数的48.70%;不完整句子排第二位,占11.71%;连写句排第三位,占11.07%;排第四的是介词错误,占

7.50%;其余错误所占比例较低,共计21.02%。

6.3.2 不同类型高校论文语言错误分析

本节针对三类高校学生毕业论文中语言错误的分布状况进行分析讨论,从而发现其共同点和不同点。

表6.2 三类高校论文中的错误分布

错误类型	错误量(次)			百分比		
	普通	211	985	普通	211	985
冠词错误	20,987	19,953	21,093	47.45%	48.99%	49.73%
不完整句子	5,742	4,368	4,799	12.98%	10.72%	11.32%
连写句	4,982	4,567	4,546	11.26%	11.21%	10.72%
介词错误	3,243	2,951	3,358	7.33%	7.25%	7.92%
混淆词	1,765	1,783	2,018	3.99%	4.38%	4.76%
所有格错误	1,377	1,399	1,143	3.11%	3.43%	2.70%

如表6.2所示,三类高校论文中错误分布与总的错误分布状况大体相似,出现频数最多的四类错误是冠词错误、不完整句子、连写句和介词错误。从论文中出现错误的总数来看,普通高校多于"985工程"高校和"211工程"高校,"985工程"高校多于"211工程"高校;从出现错误次数最多的前四种错误来看,在"冠词错误"方面,"985工程"高校多于普通高校校和"211工程"高校,普通高校多于"211工程"高校;在"不完整句子"错误方面,普通高校多于"985工程"高校和"211工程"高校,"985工程"高校多于"211工程"高校;在"连写句"错误方面,普通高校多于"211工程"高校和"985工程"高校,"211工程"高校和"985工程"高校基本相同;在"介词"错误方面,"985工程"高校多于普通高校和"211工程"高校,普通高校高于"211工程"高校。

表6.2数据还显示,在错误总数方面,普通高校的最多,"211工程"高校的最少;在冠词错误方面,"985工程"高校的最多,"211工程"高校的最少;在不完整句子类错误方面,普通高校的最多,"211工程"高校的最少;在连写句错误方面,普通高校的最多,"985工程"高校的最少;在介词错误方面,"985工程"高校的最

多,"211 工程"高校的最少。总之,三类高校论文的语言错误状况差别不是很大,这说明英语专业研究生不论就读于普通高校、"211 工程"高校还是"985 工程"高校,很多基础语言知识基本掌握,但像零冠词、介词、不完整句子、连写句等还是学生的难点。

表 6.3　三类高校论文中错误的多重比较

因变量	(I)论文作者毕业高校的类别	(J)论文作者毕业高校的类别	均值差(I-J)	标准误	显著性	95%置信区间下限	95%置信区间上限
不完整句子	普通高校	"211 工程"高校	.11493*	.02395	.000	.0561	.1737
	普通高校	"985 工程"高校	.06614*	.02395	.023	.0073	.1249
	"211 工程"高校	普通高校	-.11493*	.02395	.000	-.1737	-.0561
	"211 工程"高校	"985 工程"高校	-.04879	.02395	.127	-.1076	.0100
	"985 工程"高校	普通高校	-.06614*	.02395	.023	-.1249	-.0073
	"985 工程"高校	"211 工程"高校	.04879	.02395	.127	-.0100	.1076
介词错误	普通高校	"211 工程"高校	1.73810	.91993	.169	-.5204	3.9966
	普通高校	"985 工程"高校	-.68452	.91993	.758	-2.9430	1.5740
	"211 工程"高校	普通高校	-1.73810	.91993	.169	-3.9966	.5204
	"211 工程"高校	"985 工程"高校	-2.42262*	.91993	.032	-4.6811	-.1641
	"985 工程"高校	普通高校	.68452	.91993	.758	-1.5740	2.9430
	"985 工程"高校	"211 工程"高校	2.42262*	.91993	.032	.1641	4.6811

作者利用 SPSS 统计软件对出现错误率最高的前四种错误进行分析,结果显示三类高校仅仅在两种错误方面有显著性差异,如表 6.3 所示,在不完整句子方面,普通高校与"211 工程"高校,普通高校与"985 工程"高校间的显著性数据均小于.05,而且 95%置信区间不含 0,说明这两组间都有显著差异。在介词错误方面,"985 工程"高校与"211 工程"高校间达到了显著性差异。由于三类高校研究生毕业论文在冠词错误和连写句错误方面没有显著性差异,因此,在表 6.3 中没有显示冠词错误和连写句错误的分析数

据。研究结果还显示,三类高校论文在错误总数方面也没有显著性差异,说明三类高校的英语专业硕士研究生在有些语言知识和写作应用水平上的差别并不大。虽然"985 工程"高校和"211 工程"高校在师资水平和教学质量上都要优于普通高校,可是在研究生阶段,导师们的精力几乎完全投入专业知识和能力的培养上,忽视了英语语言基础知识的巩固与提高。

6.3.3 造成语言错误的原因

为了开展对英语专业硕士研究生毕业论文中语言错误的深入研究,并找出错误产生的原因,我们对部分英语专业研究生进行了问卷调查和访谈,现将问卷调查和访谈所得的原因总结如下。

6.3.3.1 冠词错误的原因

在问卷和访谈结果中,26 位学生把冠词错误最主要的原因归结为对整个语言系统模糊的知识,18 位学生认为是由于他们忽略了冠词的重要性,使用时就随机选择,16 位学生提到了母语负迁移,9 位学生提到了写作时的粗心,6 位学生说他们依赖直觉,2 位学生提到了韵律,他们说选择用不用冠词时他们会看整个句子的自然性和韵律性。大部分学生都能够正确区分使用不定冠词和定冠词,可对于零冠词并没有系统的知识,平时使用时仅仅凭语感判断,没有确定的规则知识做指导,凭直觉的判断会出现不一致现象。

6.3.3.2 不完整句子错误的原因

问卷和访谈结果表明,23 位学生认为,出现不完整句子错误是由于没有掌握足够的句法知识,19 位学生认为是中文负迁移,12 位学生认为是粗心所致,6 位学生认为,当他们试图用从句表达很复杂的意思时忘记了整体的结构句式,5 位学生还提到了是受平时非正式写作或说话的影响。有的学生没有意识到不完整句子是错误的,应该在写作中避免。不完整句子是句子层面的错误。正确地写出一个完整的句子不仅需要掌握句子结构知识,还要求学生有英语规则意识。英语是形合的语言,有一套自己的规则,句子之间靠形式相连接。英语和汉语差别很大,在写作过程中,不能简单地采用对比的方法,而应该树立英语的规则意识,写作过程中应根据大脑中出现的概念去寻找英语特有的形式表达。当然,不完整句子是一种达到艺术效果的有效方式,经常用作诗歌、散文或歌词的创作,在非正式写作和口语中也会使用。但是,在正式的毕业论文写作中应避免出现。

6.3.3.3 连写句的原因

问卷和访谈结果显示,29 位学生认为,造成连写句错误是受汉语思维模式影响的结果,17 位学生认为是由于缺乏句法知识,15 位学生认为,连写句错误是与连词和标点符号的掌握和使用有关,10 位学生还提到了写作和检查时的粗心。出现连写句错误的主要原因是汉语思维模式的负迁移,很多犯这种错误的学习者知道连写句和正确句子的区别,但在写作时却忽视了这些区别。这就是根深蒂固的母语思维模式在起作用。还有的学生也懂得句子之间要用连词连接,但有时会分不清副词和连词。

6.3.3.4 介词错误的原因

在问卷和访谈结果中,27 位学生认为介词构成的短语知识很难记,18 位学生认为是由于对介词不够重视,对介词的使用比较随意,13 位学生提到了意思相近的介词带来的困扰,9 位学生归结于母语负迁移,7 位学生提到了写作和检查时的粗心。介词是英语中使用频率比较高的词类,在记忆了一定数量之后,有些相似却不同的介词就容易混淆。因此,学生在写作过程中,遇到想表达又记不太清的知识点就要及时查阅巩固。

6.4 结 论

研究发现,英语专业硕士研究生在毕业论文中仍然会犯很多语言错误。在检测出的所有语言错误的类型中,冠词错误、不完整句子、连写句和介词错误数量最多,占错误总数的 78.98%,其中错误总数最多是冠词错误,占 48.70%,占了错误总数的将近一半,是个相当严重的问题。另外,三类高校论文中错误分布情况与总的错误分布情况大体一致,普通高校与"985 工程"高校和"211

工程"高校在不完整句子上有显著性差异,"985 工程"高校与"211 工程"高校在介词错误上有显著差异,其他均无显著差异。

研究还发现,造成英语专业硕士研究生毕业论文中语言错误的原因很多,其中包括英语知识的缺乏、汉语对英语学习的负迁移、意识淡漠、对某一语法项目不完备的知识、对不确定之处的随意态度、写作和检查时的不认真、缺乏体裁方面的知识等。

第七章 论文语言错误分析（2）

二语习得是一个复杂的过程，语言学习者在这个过程中不可避免地会犯这样或那样的错误。研究这些错误对于探索和发现语言习得的规律起着十分重要的作用。近年来，对二语学习者语言错误的研究一直是国内外广大科研工作者和英语教师关注的对象。然而，绝大多数的研究者把目光投向了中、低水平的英语学习者，且大多局限于学生习作或现有语料库，研究生在英语写作中出现的语言错误往往被忽视。对语言错误在语言习得中的作用，人们有着不同的看法。错误分析理论将错误看成外语学习进步的一种表现，肯定了错误在二语教学中发挥的重要作用：它可以帮助教师和研究者了解学生在学习中共有的困难和特点，促进教学的发展；也可以帮助学生了解自己学习过程中的难点，改进学习方法。因此，基于错误分析理论的研究对语言教学有着重要的指导意义。近些年来出现了一些根据错误分析理论并结合语料库对学习者书面表达中所犯语言错误的研究，但是少有学者对国内英语专业研究生论文写作中出现的语言错误进行专门的研究。鉴于此，本章通过自建小型语料库对英语专业硕士研究生毕业论文进行分析，期望发现英语专业研究生在论文写作中常见的语言错误及造成这些错误的原因。

7.1 引　言

研究二语学习者的语言错误在教学领域具有重要意义。语言错误可以被看作说话者的语言行为异常，即不被接受的语言形态。

学习者的语言错误是不可避免的。而学习者的语言错误曾被视为语言学习失败的标志。但是后来语言学家转变态度，开始把语言错误视为学习者在学习中进行内部处理的证据。这一对语言错误的重新认识在二语习得中有重要意义。

语言学家和研究者致力于研究和探讨学习者在语言学习及使用过程中产生的错误，试图去发现正确的学习过程和适当的学习方法。研究的角度涉及语音错误、词汇错误、句法错误等，研究对象涵盖初高中学生、非英语专业大学生、成人英语学习者等。然而，针对专业的高级语言学习者的语言错误进行的分析研究相对较少。鉴于此，笔者通过自建小型语料库对英语专业硕士研究生毕业论文进行分析，以期发现英语专业研究生在论文写作中常见的语言错误及造成这些问题的原因。在错误分析（EA）理论的指导下，作者研究了在硕士论文中出现的各种错误，包括词法错误、语法错误、用法错误和句法错误（依据错误检测软件的错误分类），以期发现硕士学位论文存在的语言错误及其根源。据此才能制订出应对措施，从而帮助学生更好地掌握目标语言。因此，笔者对国内42所院校的210篇英语专业研究生毕业论文中出现的语言错误进行定量和定性分析，试图找出高频语言错误及其原因，并且对频率最高的五大语言错误进行详细的分析，并对语言学习者给予建议，希望对提高硕士论文质量有所帮助。

7.2 语料库语言学

现代语言学研究的基本方法主要有3种：内省法、实验法和基于语料库的方法。对语言错误进行研究，必然涉及语言材料，也必须谈及语料库语言学。语料库成为研究方法始于20世纪60年代，尽管时间上晚于其他两种方法，但所取得的成果却十分显著。当今世界的大多数辞典编纂工作、语言软件开发工作等都是在语料库驱动的方式下完成的，它所具有的简单、高效的特点深受当代语言学者的青睐。

（1）语料库及语料库语言学

所谓语料库（corpus），是指一个由大量实际使用的语言信息组成的,专供语言研究、分析和描述的语言资料库,可以把它看作存储语言材料的仓库。语料库是在随机采样的基础上,通过收集人们实际使用的、有代表性的、真实的语言材料创建起来的,是语言研究与教学的重要基础,同时也是编写词典、语法书和教材的重要来源。

语料库语言学(corpus linguistics)是在语料库的基础上对语言进行分析和研究的科学。简言之,语料库语言学是以语言材料为对象,对语言进行客观描述的一种研究方法。语料库语言学为语言研究与教学提供了一种全新的方法和思路,它以真实的语言数据为研究对象,对大量的语言事实进行系统分析。它研究的是语言行为,而不是语言能力。也就是说,它通过考察语言的实际运用来寻找语言使用的规律。随着语料库语言学在国外研究领域的蓬勃发展,20世纪80年代这门学科被引入我国。从此,国内一大批学者致力于语料库的建设和研究工作。他们做了大量的工作,为语料库语言学在我国的发展奠定了基础;而计算机技术的飞速发展和更新进一步促进了它的发展。如今,越来越多的学者开始利用语料库来做研究。

(2) 国内外语料库的发展

首先,学习者语料库的建设与中介语的研究是今后语料库语言学研究的重点之一。20世纪末,学习者语料库成为当今语料库建设的一股新的力量。目前,国外已建立的颇具影响的学习者语料库主要有:80年代末建立的 Longman Learners' Corpus (LLC),20世纪90年代中期建立的 International Corpus of Learner English (ICLE)等。国内学习者语料库主要有:广东外语外贸大学和上海交通大学共同建立的中国学习者英语语料库 CLEC (Chinese Learners' English Corpus),中国香港的香港科技大学学习者英语语料库等。建立学习者语料库的目的是通过语料库去研究学习者的语言特征,最终服务于外语教学。例如,桂诗春教授曾在"A Cognitive Model of Corpus-based Analysis of Chinese Learners' Errors of English"一文中,通过基于 CLEC 的错误分析,在大量统计分析后建立了一个二语习得和错误分析的认知结构,对英语教学起到了一定的启示意义。

(3) 语料库和语料库语言学的意义

语料库就是为了一定的目的,根据一定的原则,搜集或取样并按照一定的方法分类集合起来的一批语言材料。由于语料库具有语言样本大、语域广等特征,其收集的语言材料具有很强的代表性,利用语料库研究语言的特征,已成为语料库最重要的应用之一。比如,语料库可用来研究特定语域的词频、语言结构、意义表达以及语用等特征。语料库的检索功能和统计手段给句法研究、语篇分析、会话分析和语音研究提供了方便。互联网上现代英语国际电脑文档(ICAME)介绍了许多近年来以语料库为基础的语言研究项目,说明语料库对于语言研究的重大意义。在内省法毫无用处的历史语言学中,语料库是最有效的研究手段,因为语料库语言学可以处理一定范围内的语料,揭示语言在某一历史阶段中的情况。语言和外语教学利用语料库对语言的特征以及学习者的语言使用特征等方面做出分析,其分析结果可应用于指导语言教学的实践。比如,语言现象的分布和频率等信息可以用来指导教师确定哪些是教学的重点和难点等;学习者语言应用和使用失误等信息可以帮助教师诊断学生在语言学习过程中可能存在的问题,并为学生进行富有针对性的训练。本研究建设学习者语料库,以期对学习者的语言错误进行分析,对学习者的语言特征和语言发展进行全面系统的对比研究,服务于诊断式教学。

(4) 语料库语言学在外语教学中的应用

语料库语言学在外语教学的理论、内容、方法等各方面都正在起着重要作用。外语教学中,语料库语言学可以起到以下作用。

第一,帮助减少课堂教学英语与真实环境语言之间的差距。例如,我们学习英语,当然首先是学习英美人目前正在使用的词汇、表达方式、习惯用法等。有的词语和用法虽然在词典和语法书中都有记载和描写,但现在人们已经不再使用或很少使用。如果在教学中仍然要求学生掌握这些东西,那么学生讲的英语就可能会出现问题。

第二,帮助我们更准确地理解一些词语在实际交际中的意义和用法。利用语料库检索技术,可以迅速方便地从包含数百万、甚至数千万词的语料库中把某个词、短语、语法结构或其他语言形式在这个语料库中出现的实例检索出来,并且统计出该语言形式出现的频率。这使人们有可能从宏观的角度对各语言形式及其全部语境进行全面的观察和分析。这种研究可以帮助我们更准确、更全面地认识各语言形式在实际交际中的意义和用法。

第三,帮助发现学习者使用语言时存在的问题。如果按一定条件把学习外语的人们所说的话和所写的东西收集起来,就可以建成一个学习者语料库(learner corpus)。对学习者语料库中的材料和本族语说话人的语料库中的相关材料进行对比,就可以发现学习者在使用语言中出现的一些错误。

以上研究对二语习得的发展做出了巨大的贡献,为今后的研究和分析提供了有价值的建议。然而,这些研究也存在一定的局限性。首先,大多数研究者的研究都是基于现有的公开的语料库或直接使用由其他人构建的语料库。在国内,很少有研究人员自建语料库进行研究。其次,近年来,随着国内研究生教育的推广,研究生的质量和他们的论文质量也受到大众的质疑。很多教师和研究者都提到了这个问题,但很少有人研究它。

对学习中语言错误分析的出现具有很大的意义,它不仅丰富了外语教学理论研究的成果,而且为教学活动提供了实际的帮助。对学生的错误进行深入分析,对教学方法的改进和学生技巧的提高都有促进作用。目前,国内学者中对学生所出现错误的分析研究越来越多,但从错误分析理论和对比分析理论的视角对英语专业学生的错误进行分析则不多见,而其中将定性和定量分析相结合的研究则少之又少。本章以对比分析理论、错误分析理论作为理论基础,通过贾冠杰教授和他的学生们自建的小型语料库对英语专业硕士研究生毕业论文进行定性和定量相结合的分析,期望发现英语专业研究生在论文写作中常见的语言错误及造成这些问题的原因。

7.3 研究设计

7.3.1 研究问题

本节基于对英语专业硕士研究生毕业论文中的语言错误研究,提出以下两个研究问题:
(1) 英语专业硕士研究生毕业论文中的高频英语语言错误有哪些?什么因素导致了这些错误?(2) 不同水平高校英语专业研究生毕业论文中的高频英语语言错误有何差别?

7.3.2 研究材料

本研究采用的语料来自我们研究团队建立的十年语料库的一部分。作者从 2006 年至 2008 年全国部分高校的硕士毕业生论文中抽样 230 篇自建语料库,并按照"985 工程"高校、"211 工程"高校和普通高校分为三类开展研究。

7.3.3 研究工具

本研究采用国际知名的 Turnitin 系统进行研究。Turnitin 是一个基于互联网的反剽窃和语言错误检测系统,它通过互联网将用户提交的文稿与 Turnitin 背后海量的全球数据库和网页内容作比对,对上传文本中的错误做到快速识别、标注和归类。研究者能够根据 Turnitin 精确定位出的文稿中的语言错误,做出一个客观判断,从而更有效地评估学生们的论文。Turnitin 与 ETS(美国教育考试服务中心)合作创建了新的功能:GradeMark(语法分析工具),可以用于语言错误甄别和反馈,即自动标注文章中出现的语法、风格、用法、拼写错误等。本系统在全世界广为使用,使用这个工具,大大提高了作文的批改速度和统一性。它提供即时比分报告和错误诊断反馈,学生可以用它来修改自己的作文(Turnitin website)。另外,Turnitin 系统对错误的诊断报告可以直接导到 SPSS 系统中,便于作者进行数据分类和分析。

7.3.4 研究过程

笔者首先搜集了230篇英语专业硕士研究生毕业论文,然后将其上传至Turnitin的网站,以便得到错误诊断反馈(GradeMark)。最后GradeMark成功导出论文的数据,有少量论文未产生反馈,可能是由于论文的格式或其他原因受到Turnitin系统的限制。笔者最终选取了210篇论文的数据进行分析研究。GradeMark自动对论文中的语言错误进行了诊断并自动分为7类。为了保证测试结果的有效性,研究人员选择了其他专业人士再次检查这些语言错误。结果发现,一些正确的句子被Turnitin的系统误判为病句,所以在手动评审阶段,这种"语言错误"被校对为正确的。本研究对每种类型的错误的总数进行计算,并通过SPSS分析语言错误的分布情况。这些语言错误的频率和特点将在后面进行讨论。

7.3.5 数据分析

研究者将研究材料上传至Turnitin系统去测试研究材料,之后整理数据,然后将数据录入SPSS系统进行数据分析。同时,依据本研究所得的数据,结合相关文献和前人已有的研究成果和自己的理解,对本研究的相关材料进行详细的分析研究。

7.4 结果与讨论

在本节中,笔者将分析研究英语专业硕士研究生毕业论文中的英语语言错误以及产生这些错误的可能因素。

7.4.1 语言错误描述及分析

本节主要回答第一个研究问题:英语专业硕士研究生毕业论文中的高频英语语言错误有哪些?什么因素导致了这些错误?Turnitin系统自动识别7种语言错误,作者分析了其中的12种错误,并对最常见的几大类高频错误进行讨论,对产生的原因进行分析。

7.4.1.1　英语专业硕士研究生毕业论文中的语言错误频率

笔者首先对210篇硕士研究生毕业论文中的英语语言错误进行了总体的统计分析,结果如下(见表7.1)。

表7.1　主要语言错误数量和比例

错误类型	错误数量	错误比例(%)
冠词错误	13588	32.91%
不完整句子	12794	30.99%
连写句	4688	11.36%
介词错误	2565	6.21%
易混淆词	2049	4.96%

从表7.1可以看出,"冠词错误"发生的频率最高,"不完整句子"位居第二,第三位是"连写句"。研究数据表明频率最低的后三位是"代词错误""错误或遗漏的词"和"表述错误"。数据显示,前三类错误占总数的75.26%,下面就前三类语言错误进行分析讨论。

7.4.1.2　冠词错误分析

从表7.1可以看出,冠词错误是出现频率最高的错误,达到了32.91%,说明学习者对英语冠词的习得和使用存在一定程度的障碍,也说明了不同水平的研究生在冠词的使用上都有困难,应该引起重视。冠词错误分为三类:冠词缺失(omission)、冠词冗余(redundancy)和冠词误用(confusion)。先看一下冠词缺失,例如:

(1) to certain extent

(2) on large scale

在上面两个例子中,都省略了a,这是中国学生容易犯的错误,中国学生在英语输出时,容易受汉语的影响而漏掉冠词。学生在冠词the的使用上也很容易犯错,例如:

(3) to analyze and solve problem

(4) at same time

(5) with help of

冠词冗余也时常出现,例如:

(6) For an instance,这里的an是多余的。

而在另一些论文中,出现了冠词混用的情况,例如:

(7) ... the material in a newspaper is easy to understand

(8) a emperor

例(7)中 newspaper 是特指,所以应该用 the。而例(8)中的 a 应该改为 an。

本研究显示,冠词错误是错误频率最高的错误,其主要原因是汉语中没有冠词,因此英语中冠词的使用成为中国学生最容易出错的地方。另外,传统英语教学重实词轻虚词的教学习惯也使得冠词使用成为弱项。

7.4.1.3 "不完整句子"分析

本次研究发现,"不完整句子"是第二大错误类别,达到了30.99%。Turnitin website 在定义此类错误时是这样解释的:"A sentence is complete when it has a subject and a verb and expresses a complete thought. A fragment is not a complete sentence because its thought is not complete, even though it starts with a capital letter and ends with a punctuation mark. It is missing either a subject or a verb or both." 换句话说,一个完整的句子应该包含主语、谓语动词和完整的句意,如果缺少这些元素的任何一个,就不能称之为完整的句子,即"不完整句子",例如:

(9) Within each group, a wide range of features to choose from. It was difficult to distinguish between them.

(10) By paying too much attention to the teaching material can make students unwilling to propose new ideas.

例(9)是"不完整句子"。当然在一些诗歌和广告中有这种用法,如:No money down! 但是在 Turnitin 中这被判断为错误。论文写作要求用严谨、正式和规范的语言,所以在本研究中,这种不完整的句子也被认为是错误的。例(10)也是不完整的句子,出现这样错误的主要原因应该是根据汉语句子翻译而成。

7.4.1.4 "连写句"分析

第三大类错误是"连写句",达到了11.36%。Turnitin website 对此类错误的说明是:"An independent clause has a subject and a verb and can stand by itself as a sentence. When two or more independent clauses are joined incorrectly within a single sentence, the result is a run-on sentence.""连写句"包含了两个及两个以上的从句,却没有使用合适的连词。Turnitin 认定的"连写句"包括以下两类:

第一类是两个从句中缺失了合适的连词,例如:

(11) Students who don't pay enough attention to the rule restriction are careless they made such mistakes.

第二类是直接用一个逗号去连接两个独立的句子,例如:

(12) The fourth step is the explanation of error, explanation is concerned with establishing the source of the error.

以上两个例句都比较长,在写长句时学生很容易犯这类错误。对外语学习者来说,写作时,语法规则的正确运用尤为重要。在写作时,一定要仔细检查,修改类似的语法错误。最简单、最直接的方法就是将其拆分成两个完整的句子。

研究表明,母语的负迁移是导致这些错误的最重要原因,作者用母语的思维方式或语法规则去写英语句子。如果以上例子直译成汉语,看起来似乎没有问题,这说明学生在进行英语写作时可能先想好了汉语句子,然后将其翻译成英语。根据对比分析理论,当母语和目标学习语结构差异较大时,容易产生负迁移。进一步的研究表明,当母语和目标学习语存在相似之处,却又存在不同时,最容易使学生"盲目照搬",产生负迁移。

7.4.2 不同水平高校英语专业硕士研究生毕业论文中高频语言错误对比

本节重点回答第二个研究问题:"不同水平高校英语专业硕士研究生毕业论文中的高频英语语言错误有何差别?"作者对不同水平高校的英语专业硕士研究生毕业论文中的高频英语语言错误进行了分析和对比。在本节中,"985 工程"高校、"211 工程"高校和普通高校分别代表了从高到低三种不同层次的高校。下面首先分析讨论这三类高校学生所犯语言错误的分布情况。

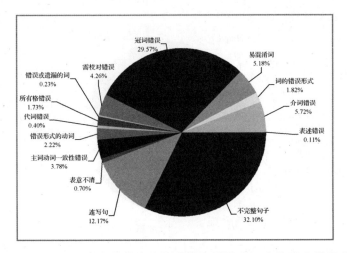

图 7.1 "985 工程"高校英语专业研究生毕业论文中的语言错误分布

图 7.1 显示：在"985 工程"高校的论文中，"不完整句子"的错误达到了 32.10%，位列第一，"冠词错误"接近 30%，"连写句"占到了 12.17%，"介词错误"和"易混淆词"分别占到了 5.72% 和 5.18%。

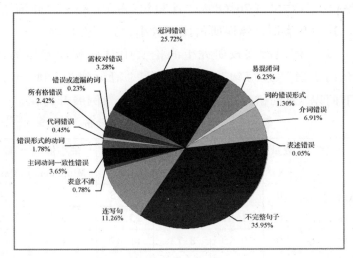

图 7.2 "211 工程"高校英语专业研究生毕业论文中的语言错误分布

图 7.2 显示：在"211 工程"高校的论文中，"不完整句子"是最常犯的错误（35.95%），"冠词错误"达到了 25.72%，"连写句"占到了 11.26%，"介词错误"占到了 6.91%，"易混淆词"占到了 6.23%。

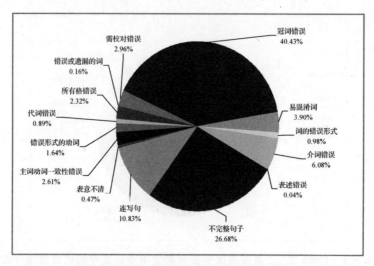

图 7.3 普通高校英语专业研究生毕业论文中的语言错误分布

从图 7.3 可以看出,在普通高校论文的语言错误中,"冠词错误"最多,占到了 40.43%,这和"985 工程"高校和"211 工程"高校不同;"不完整句子"次之,占 26.68%;"连写句"占 10.83%,"介词错误"占 6.08%。其他几类语言错误所占比例较小,均未超过 4%。

在三类不同层次高校研究生的论文中具显著性差异的错误类别有"介词错误""连写句""代词错误""冠词错误"和"不完整句子"。下面以"介词错误"和"连写句错误"为例展开讨论。

表 7.2 "介词错误"的频率与分布

	数量(N)	平均数(Mean)	95%均数置信区间		最小值(Minimum)	最大值(Maximum)
			下限	上限		
普通高校	70	14.73	13.31	16.15	2	49
"211 工程"高校	70	11.81	10.01	13.62	2	27
"985 工程"高校	70	10.10	8.73	11.47	1	25
小计	210	12.21	11.30	13.13	1	49

表 7.2 表明,"介词错误"的平均值最高的是普通高校(14.73),随后是"211 工程"高校(11.81)和"985 工程"高校(10.10)。就平均每篇的"介词错误"错误率而言,"985 工程"高校的硕士论文是最少的,"211 工程"高校次之,普通高校错误率最高。普通高校的论文中,"介词错误"率最高的是一篇论文中出现

了49次介词错误，最少的也有2次。然而，"211工程"高校和"985工程"高校的对应数据则是27/2和25/1。但仍然需要找出是否有统计学意义的有效差异，因而表7.3展示了"介词错误"多重比较结果。同时，数据分析还显示，"985工程"高校和"211工程"高校的"介词错误"频率分布非常相似（10.10，11.81），因而被归为一类，另一类是普通高校（14.73）。数据显示，"985工程"高校和"211工程"高校都与普通高校在"介词错误"的频率上存在显著性差异，而"985工程"高校和"211工程"高校不存在统计意义上的显著性差异（见表7.3）。

表7.3 "介词错误"的多重比较结果

		显著性概率（Sig.）	95%置信区间	
			下限	上限
普通高校	"211工程"高校	.008	.76	5.07
	"985工程"高校	.000	2.47	6.78
"211工程"高校	普通高校	.008	-5.07	-.76
	"985工程"高校	.119	-.44	3.87
"985工程"高校	普通高校	.000	-6.78	-2.47
	"211工程"高校	.119	-3.87	.44

表7.3显示，普通高校和"985工程"高校以及普通高校和"211工程"高校之间研究生论文中的语言错误都存在显著性差异，而"985工程"高校和"211工程"高校对比的Sig. = 0.119 > 0.05，因而不具显著性差异。

表7.4 "连写句"的频率与分布

	数量（N）	平均数（Mean）	95%均数置信区间		最小值（Minimum）	最大值（Maximum）
			下限	上限		
普通高校	70	26.23	23.51	28.95	7	78
"211工程"高校	70	18.71	16.69	20.74	4	40
"985工程"高校	70	21.50	19.07	23.93	2	53
小计	210	22.15	20.72	23.58	2	78

如表7.4所示，"985工程"高校和"211工程"高校学生的

"连写句"错误率最高的是一篇论文中出现53次和40次,注意这一类错误的最高值"985工程"高校反比"211工程"高校的高,二者的最少值为2次和4次,都低于普通高校。在普通高校中,"连写句"的错误频率(26.23)明显高于"211工程"高校(18.71)和"985工程"高校(21.50),"连写句"的错误频率的范围也很大,从7到78。但这些不同是否存在显著性差异,需要对"连写句"进行多重比较(见表7.5)。

表7.5 "连写句"多重比较结果

		显著性概率(Sig.)	95%置信区间	
			下限	上限
普通高校	"211工程"高校	.000	4.15	10.88
	"985工程"高校	.006	1.36	8.10
"211工程"高校	普通高校	.000	-10.88	-4.15
	"985工程"高校	.104	-6.15	.58
"985工程"高校	普通高校	.006	-8.10	-1.36
	"211工程"高校	.104	-.58	6.15

表7.5表明,在"连写句"方面,普通高校和"211工程"高校比较的Sig.值是0.00;普通高校和"985工程"高校比较的Sig.值是0.006。"985工程"高校和"211工程"高校都与普通高校在"连写句"的频率上存在显著性差异,而"985工程"高校和"211工程"高校之间不存在统计意义上的显著性差异,Sig. = 0.104 > 0.05(表略),在统计数据上,非常一致,因而被归为一类,另一类是普通高校。

另外,"代词错误""冠词错误"和"不完整句子"也得出了与上述统计结果类似的结果。据此可以判断出,"211工程"高校和"985工程"高校的硕士论文的各类错误在统计意义上不存在显著性差异,但是普通高校和"211工程"高校及"985工程"高校之间存在着显著性差异。

7.5 结　论

本章通过对国内42所高校的210篇英语专业硕士研究生毕业论文中的英语语言错误进行认真分析和研究,得出以下结论。

关于第一个研究问题:"英语专业硕士研究生毕业论文中的高频英语语言错误有哪些？什么因素导致了这些错误？"研究结果表明英语专业硕士研究生在毕业论文中常犯的语言错误有17个类型,其中冠词错误、不完整句子、连写句、介词错误和表意不清是出现频率最高的五类错误,占到了所有错误类型的86.43%。错误比例最高的是"冠词错误",达到了32.91%,这揭示了中国学生在冠词的使用上存在着相当严重的问题,英语冠词的正确使用和撰写准确、完整的句子是英语写作中的难点。通过对其他文献的研究和通过对本研究结果的推断,发现母语的负迁移、规则应用错误、目的语规则的泛化和写作策略不当可能是导致这些错误的主要原因。

针对第二个研究问题:"不同水平高校的英语专业硕士研究生毕业论文中的高频英语语言错误有何差别？"作者对所收集的三类高校的数据进行了详尽的分析对比研究,从而得出以下结论:在有些错误类型上,"211工程"高校学生所犯的语言错误率高于"985工程"高校学生,在有些错误类型上,"985工程"高校学生所犯的语言错误率高于"211工程"高校学生,二者之间虽然存在差异,但"211工程"高校和"985工程"高校英语专业硕士研究生毕业论文的各类错误在统计意义上不存在显著性差异。而普通高校和"211工程"高校、"985工程"高校之间英语专业硕士研究生毕业论文的各类错误差别比较大,在统计意义上存在显著性差异。数据同时显示:普通高校有5类错误的错误率明显高于"211工程"高校和"985工程"高校,但在其他9类错误上,这三类高校的学生表现相当,说明他们都存在一定程度的写作困难。

Appendixes

Appendix Ⅰ: Screenshot of E-Rater language error detection

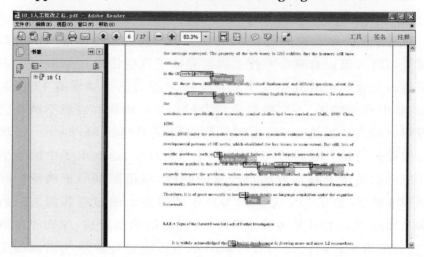

In Chapter 4, a cross-linguistic analysis is carried out to confirm that Chinese and English causative constructions distinguish each other to a large extent. Nevertheless, both languages still share some similarities in the casativization. Based on these assumptions, subsequently, the research hypotheses are generated.

To evaluate whether the hypotheses are true or not, two tasks are designed in Chapter 5. And in Chapter 6, more statistical-based data will be generated to prove or reject the hypotheses. Based on the results, more discussion will be carried out to interpret more details in the study. Subsequently, Chapter 8 will draw a conclusion based on the findings. What's more, the limitations, pedagogical implications and suggestions for the further research will be presented in this chapter.

Appendix Ⅱ: The number of language error in each MA thesis (part of the database table)

Author	Frag	Run-on	Garbled	S/V	Verb	Pro.	Poss.	Word Error	Pro.	Articl	Conf used	Wrong Form	Prep.	Non.	Sp.
211	26	11	0	3	3	0	2	0	4	18	4	0	6	0	39
211	13	8	2	1	2	0	1	0	0	1	3	0	49	0	46
211	36	18	1	1	1	0	4	0	1	7	3	9	9	0	73
211	76	8	0	4	3	1	1	0	1	9	4	4	6	0	70
211	40	9	1	3	2	0	4	0	0	7	7	7	18	0	68
211	28	14	0	6	0	0	3	0	1	8	3	1	2	0	51
211	74	15	2	6	2	1	3	1	3	57	13	2	10	0	120
211	72	29	4	6	5	0	6	0	14	74	22	1	30	0	106
211	32	9	1	1	3	1	1	0	2	22	8	2	15	0	106
211	40	41	6	4	2	1	9	1	7	90	8	1	19	0	87
211	7	8	2	0	2	0	6	0	4	60	7	0	4	0	18
211	56	23	1	2	3	0	2	1	5	59	9	7	13	0	202
211	50	26	1	14	3	0	3	0	8	11	9	1	11	0	91
211	66	14	0	8	0	0	5	0	1	77	10	0	15	0	72
211	58	18	3	10	6	1	1	0	11	37	11	7	19	4	342
211	82	10	0	0	0	0	2	0	2	55	8	1	7	0	23
211	21	31	0	10	8	3	5	0	4	71	3	2	9	0	43
211	122	12	1	2	3	5	9	0	12	59	8	5	14	0	124
211	149	18	8	27	12	1	3	4	26	58	15	8	6	0	167
211	187	16	1	6	4	3	4	0	18	59	24	3	12	0	334
211	18	23	0	4	0	0	2	0	3	73	4	2	14	0	74
211	129	15	2	3	4	0	2	0	9	38	5	1	17	0	96
211	110	32	1	7	2	0	2	0	2	56	6	1	15	0	63
211	99	26	1	12	7	0	6	2	3	92	19	10	15	0	132
211	25	22	5	8	3	1	2	0	7	55	53	1	20	0	27
211	109	10	0	10	1	3	1	0	4	73	13	1	11	0	87
211	65	25	0	2	3	0	1	1	3	12	4	3	21	0	88

续表

Author	Frag	Run-on	Garbled	S/V	Verb	Pro.	Poss.	Word Error	Pro.	Articl	Conf used	Wrong Form	Prep.	Non.	Sp.
211	98	17	0	24	6	0	2	0	8	12	5	0	10	0	216
211	100	37	3	7	7	1	9	0	8	46	14	4	8	0	125
211	39	26	2	3	4	0	9	4	4	12	11	5	12	0	49
211	42	14	0	0	3	1	15	0	3	57	12	1	6	0	24
211	72	29	2	4	3	0	1	1	2	16	6	5	3	0	56
211	118	10	0	8	1	3	2	0	7	20	23	1	12	0	116
211	50	14	0	11	3	0	4	0	7	11	9	0	10	0	126
211	18	9	0	4	2	0	1	0	2	89	8	1	7	0	30
211	82	17	3	3	7	0	9	1	6	10	14	1	3	0	114
211	71	30	1	7	3	3	8	0	6	10	10	5	19	0	83
211	40	21	1	6	3	0	4	0	3	15	20	0	2	0	61

第八章　论文语言错误对比分析

语言错误研究虽然始于20世纪50年代,但是随着世界村的形成和全世界外语学习人数的急速增长,人们对语言错误分析研究的热情不仅没有降低,反而越来越高,对其研究的方法也越来越多。本章重点分析讨论英语专业硕士研究生和本科英语专业学生毕业论文中的语言错误,希望为外语学习者和外语教师提供相关参考。

8.1　引　言

一般来说,语言错误被看作说话者与本族语社区中被普遍认可的语言规则相异的、不正常的语言行为。对于语言学习者,特别是将英语作为外语的学习者,语音错误在他们英语的理解与输出中是无法避免的。人们在学习一种语言的时候,如果刚开始没有系统地犯一些语言错误,并且没有使得语言错误成为他们语言行为的一个重要部分,那么他们就无法真正学会这门语言。然而,语言理解性错误受到的关注并不多。Corder(1974)指出,尽管我们可以从整体上检测对语言的理解,"但就某一句被误解的话而言,我们仍然很难将理解的失误归因于对这句话句法特点知识了解得不够"。不得不承认,理解性错误可能是由语言之外的其他原因造成的。因此,同样地,对于语言教师、研究者和学习者而言,为了提高语言教学和学习,他们应当并且急需将重点放在语言错误的研究上,特别是英语作为二语学习者的产出错误上。

写作作为英语学习的一个重要部分,已经引起二语习得领域研究者的许多关注。迄今为止,研究者们已经进行了各种各样的研究,涉及英语的各个部分(拼写、词汇、搭配、动词时态、句子结构、语篇组织、衔接手段等)以及不同语言熟练程度的研究主体,如从初学者、中学生、高中生到非英语专业的大学生等。在过去,英语写作中出现的语言错误被认为很可怕,必须不惜一切手段避免。然而,随着 Corder 的错误分析理论越来越多地为人所接受,错误逐渐变得可以被接受。本节研究的重点便是英语专业研究生与英语专业本科生,这两个不同但又相关的群体所犯的语言错误。

毋庸置疑,硕士学位论文被广泛地认为是学位申请者三年研究生学习生涯中最为重要的成就并且是其学术能力的代表。然而,人们无须仔细推敲就可以发现英语专业硕士学位论文中存在着各种各样的语言错误。人们普遍承认中国英语专业研究生入学考试是相当难的,这种选拔性考试将重点放在对参与者英语综合技能的考察上。因而,英语专业硕士学位论文虽然从本质上说还是以中介语完成的,但是它们不应当包括一些简单的语言错误。

同样地,总的来说,英语专业本科毕业论文被看作四年本科学习生涯必要的学术作品,也是颇有成就的毕业设计,而且,在这一个时期,学位申请人的英语技能在这四年里应当有了全面的突飞猛进的提高。更为重要的是,在完成本科毕业论文的时候,英语专业本科生正在准备英语专业八级的考试,在那时他们的语言功底达到了巅峰。但是,人们轻而易举地就可以在英语专业本科毕业论文中找出许多语言错误。

然而,到目前为止,对高层次英语写作的研究,更确切地说,有关英语专业硕士研究生英语写作研究还很少。此外,目前绝大部分相关研究材料都取自一些在课堂上即时完成的小样本的短作文。本科生写作研究也是同样的情况。的确,对英语专业本科毕业论文的研究可能在数量上相对多一些,但是这些研究绝大多数都仅限于揭露探讨现存的问题,在大的社会背景下提供未来提升的建议,而非有关语言本身。对于英语专业研究生和本科生这两个不同但又相互关联、前后相续的两个群体,他们所犯的语言错误应当带有他们各自不同的特点,而这一方面是值得进行深入研究的。因而,对于英语专业硕士毕业论文和本科毕业论文中的语言错误进行全面和对比研究就显得十分重要了。

本研究的目的在于分析讨论中国英语专业硕士毕业论文和本科毕业论文中的语言错误,进而分析这两组论文在主要语言错误类型和相应频次上的差异,从而发现英语学习者中介语系统的语言问题,为英语学习者提供相应的借鉴和参考。

8.2 文献回顾

8.2.1 基于语料库的错误分析

语料库是一批可以作为语言分析与描述基础的书面文字或是誊写的口头语言(Kennedy,2000),在 Richard 等(2005)看来,语料库是为特定目的而集合的,如一系列用来分析和比较语言特色的课本之类的语言材料。简单地说,所谓语料库,就是一定规模的真实语言样本的集合。一般来说,现代意义上的语料库具有下面三个特性:(1)收录语料库的语言材料应当取自实际使用的真实文本,对于其应用目标而言,所收录的语言材料应该具有代表性;(2)语料库应是机器可读的,是运用计算机技术获取、编码、存储和组织的,并支持基于计算机技术的分析和处理;(3)收录语料库的语言材料应经过适当的标注和加工处理,例如,经过词语切分或者词类标注处理。

从现代意义上说,语料库最早可以追溯到 20 世纪 60 年代。在过去的大约 50 年的时间里,它不仅在样本大小上与日俱增,同时在处理深度上也是突飞猛进。现在语料库已成为语言研究中一个重要部分。作为一种新的计算机辅助技术,语料库语言学以其卓越的优势在二语习得领域异军突起,发展迅速。语料库的形式多种多样,可以包括书面语或者誊写的口语、现代或以前文本、一种语言的文本或是多种语言的文本。这些文本又可以包括整本书、报纸、杂志、演讲或长短各异的摘要。在本研究中,作者建立了两个语料库,其中一个为英语专业硕士毕业论文语料库,另一个为英语专业本科毕业论文语料库。为了便于在线处理,作者将原本是以 PDF 形式呈现的英语专业硕士毕业论文转化为 Word 形式。

为了保证大量并且客观的在线数据处理,作者采用了语料库辅助错误分析的方法。传统错误分析(traditional error analysis, TEA)是应用语言学的一种,它所研究和分析的是二语或外语学习者所犯的语言错误,其目的是确认这些错误背后隐藏的所有来源。在 20 世纪 90 年代,人们将学习者语料库引入错误分析领域,这一举措增强了错误分析在二语习得领域中的地位。这一引入学习者语料库的方法后来被称为计算机辅助错误分析(corpus-aided error analysis, CEA)。Leech(1998)指出:"尽管 CEA 与 TEA 一样,是以数据为导向的研究方法,但 CEA 却凭借着计算机强大的处理语言的功能,为人们提供了一种 20 年前根本无法想象的研究学习者语言的方法。"与 TEA 相比,CEA 在数据规模和处理速度上的优势是毋庸置疑的。

CEA 克服了 TEA 的一些缺陷。Dagneaux 等(1998)认为,TEA 主要有四个方面的缺陷:(1)它是基于繁杂的学习者数据;(2)TEA 的分类比较模糊;(3)TEA 仅限于研究学习者能够做到什么;(4)它所呈现的是静态的二语学习画面。就 TEA 研究中的数据而言,TEA 研究是在小型和较为繁杂的样本的基础上展开的,而考虑到客观因素的制约,这在一定程度上是无法避免的。其结果也就导致了在一定程度上先前的定量研究结果的效度和信度无法得到完全的保障。但学习者语料库凭借其庞大的样本和相对科学、全面的样本采集过程,将它引入错误分析便可以解决这个难题。"诸如年龄、学习背景、写作风格和文章长短等所有因素都可进行严格的控制。就错误分类而言,TEA 研究中的错误分类标准较为混杂,有较高的主观性"(Dagneaux 等,1998)。于是,错误的来源就很难把握。相反,在这方面,CEA 就做得更好,CEA 可以预先设置一组或多组经过深度检验并获得普遍认可的错误分类方法。上述 TEA 的另外两个缺陷与 TEA 的研究范围有关。Dagneaux 等还指出,在 TEA 研究中正确使用语言的例子是被忽视的,而 CEA 同样可以弥补这一缺陷。至于 TEA 的最后一个缺陷,只要 CEA 研究使用的样本所代表的学习者群体彼此相似,但相互之间又有所不同便可得到解决。

总之,CEA 作为一种新的学习者错误分析方法,克服了 TEA 长久以来无法解决的难题。它给错误分析研究注入了一支强心剂,使之重新成为一个重要的研究领域。将 CEA 引入本研究,可以在很大程度上保证研究结果的客观性和有效性。就本研究而言,它充分利用了计算机辅助机制的优势,并且与此同时,有意识地避免了它可能存在的不足之处(如,研究结果冗长、枯燥)。在对研究生毕业论文和本科生毕业论文语言错误分析后,一些探究性和启发性的结果也就应运而生了。

8.2.2 相关研究

从 20 世纪 70 年代开始,对书面语言错误的研究发展迅速。一方面,单纯的错误分析仍然是一个研究兴趣点;另一方面,研究重心逐渐从对书面语言的全面研究转到对某一特定语言种类的深入研究。

在英语中,虽然冠词看似很不起眼,但它们始终是使用频率最高的词汇。此外,冠词在连接语境方面所起的作用是不容置疑的。在 Master(1990)看来,"对英语学习者来说,冠词不仅仅是英语语法中最难掌握的一项,还是最后才能被完全掌握的部分。"

不管是在国内还是在国外,对冠词各个不同方面的探索始终是研究的重点,而且研究者至今仍然在不停地做深入探究。

8.2.2.1 国外相关研究

单纯的错误研究的一个共同特点是将错误进行深入分类,并且计算某一种错误类型的频次在总错误量中的所占比例,以展示这种错误类型与学习者写作行为之间的相关性(Frantzen, 1995; Hyland & Anan, 2006; Khuwaileh & Shoumali, 2000; Kim, 2001)。比如,Khuwaileh 和 Shoumali(2000)研究了 93 名高级阿拉伯英语学习者的句法错误,并发现词汇错误所占比例很高。Kim(2000)对韩国某所大学英语学习者的 60 篇总结性写作进行了全面的错误分析,其结果发现句法错误位居榜首,其次是词汇错误。

Yasemin（2010）研究结果显示,对于土耳其英语学习者来说,在其早期语言学习阶段,语际错误占了绝大多数,而这一阶段应该是学生在掌握目标语道路上的必经阶段。Incecay 和 Dollar（2011）在一所私立大学做了一次调查,得出结论说学习者普遍认为语法是语言的一个重要方面。然而,他们认为,语法应该以一种交流的方式进行教学,另一方面,参与者认为,在语言学习过程中,对错误的更正是十分必要的。

就冠词在一语中的误用,Bickerton（1981）做出了很多的贡献,他从两个不同方面对冠词进行了分类,即（±Specific）（±Presupposed）。Cziko（1986）进一步提出以英语为母语的学习者在学习冠词的过程中所经历的四个阶段。国外也不乏冠词在二语教学中的研究,Parrish（1987）对日本英语学习者做过研究。Tarone & Parrish（1988）对母语为日语和阿拉伯语者进行了研究。Ionin 等（2004）以俄语和汉语为母语者为研究对象。Robertson（2000），White（2003），Lardiere（2004,2005,2009）从其他方面对冠词进行了研究。

8.2.2.2 国内相关研究

就国内相关研究而言,一方面,除去那些以小学生和中学生为受试的研究,语言错误主要集中在非英语专业大学生和英语专业中低年级学生写作。张晓兰（2004）对英语专业大三学生的作文进行了错误研究。刘向红（2008）分析了非英语专业大学生总结写作中的语言错误。另一方面,就为数不多的以英语专业硕士毕业论文和本科毕业论文探究样本的研究而言,它们几乎所有的都是从诸如写作策略、写作风格、对英语专业本科毕业论文单纯的现象分析等方面入手,而不是对其中的语言错误进行研究。王崇义（2004）发现了英语专业本科毕业论文中所使用的 34 种策略。孙文抗（2004）对 147 名英语专业学生做了调查,发现其中有一半人不会用正确的风格进行学术英语写作。王崇义（2004）得出这样一个结论,为了整体提高英语专业毕业论文的质量,学校行政管理人员、导师、辅导员等都应当协同努力、相互合作。贾冠杰和乔良文（2014）以 230 篇 2006 年至 2008 年的硕士毕业论文为研究材料,发现英语专业硕士毕业论文中存在各种各样的语言错误,其中遗漏或错误的冠词、分裂句和连写句是错误频次最高的语言错误类型。

  国内对于冠词的研究也是百花齐放。李景泉和蔡金亭(2001)根据中国英语学习者语料库做了一个研究。闫丽莉(2003)使用了ConcApp6.0对中国英语学习者语料库进行了研究,并进一步发现中国英语学习者冠词误用背后的原因。朱叶秋(2003)通过对英语专业大三学生口语转写记录进行研究,得到了一些很有价值的发现。蔡金亭和吴一安(2006)对影响中国英语学习者冠词使用的因素进行了研究。刘艾娟等(2013)从生成语法的角度挖掘影响中国英语学习者冠词习得的因素。需要注意的一点是,尽管国内对冠词的研究在数量上是不少,但是它们所使用的研究材料、理论框架在很大程度上都是不同的,特别是研究结果,它们甚至是相互矛盾的。韦理(2007)、周保国(2008)、朱叶秋和文秋芳(2008)对定冠词、不定冠词和零冠词的错误排序以及冠词混用、冠词冗余和冠词省略的误用顺序的研究结果,相互之间是不同的。

  到目前为止,还很少有人将经过反复修改的英语专业硕士毕业论文和本科毕业论文中的冠词错误作为研究材料。通过分析Turnitin所给出的研究结果,笔者发现冠词在英语专业硕士毕业论文和本科毕业论文中都是频次最高的错误类型。于是,有理由相信,对英语专业学术论文写作中冠词的研究会有一些不同的发现。

8.2.3 小结

  尽管英语专业硕士毕业生和本科毕业生都已经学习了很多年的英语,但是各种各样的错误仍然出现在经过他们反复修改的毕业论文中。从Corder开启的那个语言学时代开始,错误研究出现了新的突破。错误不再等同于一定要根除的缺陷。"对学习者所犯的语言错误进行系统的分析,决定了教学中需要加强巩固的部分"(Corder,1981)。通过充分利用语料库错误分析的优势,本研究建立起两个语料库,其中一个是英语专业硕士毕业论文语料库,另一个是英语专业本科毕业论文语料库。在经历了几个月较为复杂和严密的在线处理之后，作者得到了上传论文的语言错误列表，这为接下来的研究和分析奠定了基础。

迄今为止，对英语专业硕士毕业论文和本科毕业论文的语言错误研究还是少之又少，更别说一次建立起两个分别包含500篇论文的语料库研究。尽管对冠词的研究不在少数，但是国内外探究、挖掘英语专业学术论文写作中冠词误用的研究却很少。

8.3 研究设计

对于任何一项研究来说，研究方法至关重要，因为研究方法在很大程度上决定了这一研究的有效性，因而本节的研究方法和研究问题是整个研究设计的重中之重。

8.3.1 研究问题

本研究的目的是分析中国英语专业硕士毕业论文和本科毕业论文中的语言错误，并进行对比分析，进而对错误频次最高的错误类型进行深入分析，因此，本章的研究问题如下：

（1）英语专业硕士毕业论文与本科毕业论文中主要语言错误有哪些？

（2）英语专业硕士毕业论文中语言错误与本科毕业论文中语言错误存在什么样的差异？

（3）冠词在英语专业硕士毕业论文与本科毕业论文中有怎样的误用？

第一个研究问题作为整个研究过程的基础，其目的是为了全方位地展示中国高级英语学习者在学术英语写作中所犯的语言错误的整体情况。第一个研究问题的完成需要大量烦琐的网络在线和人工操作。第二个研究问题是以第一个研究问题为基础的，其目的在于对英语专业硕士毕业论文和本科毕业论文做一个对比研究。第三个研究问题从本质上说是一个反哺性问题，是在前两个研究问题的基础上形成的。

8.3.2 研究材料

作为研究过程的初始阶段,毫无疑问,笔者需要搜集到合理有效的学习者语言样本。本研究所使用的所有语料均来自 CNKI 和其他不同的资源。本研究所使用的 500 篇硕士毕业论文发表年限均为 2009 年和 2010 年,平均涵盖了英语的四个方向:文学、应用语言学、理论语言学和翻译,并且涉及中国三个层次的 46 所大学,即普通高校、"211 工程"高校和"985 工程"高校(表 8.1 和表 8.2)。这种样本采集方法的目的在于最大限度地保证语料的代表性,确保研究结果的有效性。本研究所使用的 500 篇本科毕业论文取自中国 30 所大学。这 500 篇本科毕业论文横跨的时间年限为 5 年,2009—2013,平均涵盖了中国三个层次的大学,即普通高校、"211 工程"高校和"985 工程"高校(表 8.3)。

表 8.1　2009 年硕士毕业论文(总计 250)

学校＼方向	文学	理论语言学	应用语言学	翻译
"985 工程"高校	21	21	21	20
"211 工程"高校	21	21	21	21
普通高校	21	20	21	21
总计	63	62	63	62

表 8.2　2010 年硕士毕业论文(总计 250)

学校＼方向	文学	理论语言学	应用语言学	翻译
"985 工程"高校	21	21	20	21
"211 工程"高校	20	21	21	21
普通高校	21	21	21	21
总计	62	63	62	63

表 8.3　本科毕业论文（总计 500）

学校＼方向	文学	语言学	翻译	应用教学
"985 工程"高校	42	42	42	42
"211 工程"高校	41	42	42	42
普通高校	42	41	41	41
总计	125	125	125	125

8.3.3　研究工具

本节所使用的研究工具是一个在世界范围内被广泛认可的、权威的错误分析软件 Turnitin，它所分析的结果被认为具有很高的可靠性。"Turnitin 原本是由 iplagiarism 创建的，以因特网为基础的防止抄袭的服务软件。Turnitin 与教育测试服务 ETS 合作，将其电子论文评估语法分析工具与 GradeMark 整合，而本研究所使用的正是这一功能。e-Rater 是 ETS 的一个产品，它能够判断与学生论文熟练程度相关的一些特点，并将其用作打分和反馈的依据。e-RaterTM 从四个大的方面对论文做一个整体的评估并给予反馈。这种反馈是以自然语言处理研究，特别是对学生反馈的分析为基础的"（www.turnitin.com，2013）。

"Turnitin GradeMark 服务为教师和学生提供了对英语论文的可靠评估。它所提供的及时分数报告和错误诊断反馈可以帮助学生修改其论文。GradeMark 可以通过 ETS e-RaterTM 对人们书面语中的语言错误进行检测，这与 GRE 和 TOFEL 测试所使用的技术是一样的。建于 1947 年的教育测试服务，现已成为世界上最大的私人教育测试和评估组织。"（Turnitin 白皮书，2013）

笔者将本研究所使用的 1000 篇论文一一上传到 Turnitin，经过一系列复杂的信息处理，最终每篇论文的末尾都附加了一份全面的量化的语言错误表格，表格清晰全面地展示了这篇论文中所出现的语言错误类型。此后，笔者随机选择了一些 Turnitin 标注过的论文进行深入分析，以便深层挖掘那些主要的、典型的语言错误类型。

Turnitin 所检测出来的错误类型可以分为四大类,即语法、技巧、风格和使用。考虑到实际可操作性,本节只考虑了语法和使用错误,而技巧和风格错误不在本文的考虑范围内,因为技巧和风格分别关注的是标点符号的误用和语言环境,而这些与本文所研究的系统的语言错误关系不大。此外,技巧和风格中的错误类型出现的频次普遍过低,因而它们不在本节的研究范围内。就语法和使用中的语言错误类型而言,其中某些出现频次过低的类型,也不在本节研究范围内。Turnitin 所检测出来的语法错误,一共有 9 种,包括连写句、单词错误、需校对的错误、混淆的句子、主谓不一致、所有格的错误、代词上的错误、错误形态的动词和分裂句。相似地,Turnitin 检测出来的使用错误包括 8 种,即错误形式、介词错误、遗漏或多余冠词、错误的冠词、非标准的单词形态、否定句上的错误、错误的对比和混淆的字。而主要的语法错误共有如下 7 种,即连写句、错误或遗漏的词、需校对的错误、主谓不一致、所有格的错误、代词上的错误和分裂句。此外,本节中主要的使用错误共有如下 5 种:遗漏或多余冠词、错误的冠词、混淆的词、单词的错误形态和介词错误。

8.3.4 研究步骤

本节建立起两个语料库,其中一个为英语专业硕士毕业论文语料库,另一个是英语专业本科毕业论文语料库,以此为基础,笔者分别按比例计算了这两个群体主要错误类型的每千词频次,进而对主要错误类型及其相应频次做出对比分析,以便发现英语专业硕士毕业论文和本科毕业论文语言错误的特点。结合以上定量分析数据可知,这两个群体所犯语言错误频次最高的类型都恰好是遗漏或多余冠词。于是,笔者分别就这两个群体所犯的冠词误用做了进一步的分析。本节详细的研究步骤如下:

首先,笔者从网上和其他途径收集到英语专业研究生培养的四个方向以及三个层次共 46 所大学的 500 篇以 PDF 形式呈现的英语专业硕士毕业论文。接下来,为了满足 Turnitin 的信息处理需求,作者将硕士毕业论文的 PDF 形式一一转换为 Word 形式。为了保证本研究的有效性,作者只保留了每一篇英语专业硕士毕业论文的主体部分,而在 Word 形式中删除了目录、致谢、表格、图表、图形、参考文献、附录等部分。因为 Turnitin 一次性只能接受一定长度的文字材料,为了保证流畅有效的在线处理,每一篇硕士论文在上传前都被分割成三个部分。接着,作者将 1500 个硕士论文片段上传到 Turnitin。至此,所有的准备工作已经就绪。相应地,除了将文章的 PDF 格式转换为 Word 格式之外(作者从其他大学直接获取的本科毕业论文原本就是 Word 格式),英语专业本科毕业论文的处理也经历了这样一个过程。至此,所有为后期分析和探究的基础性工作已经完成。

经过一系列的在线处理,Turnitin 在每一个论文片段的末尾都附加了一个 EXCEL 表格,涵盖了这个论文片段里出现的所有可能的语言错误。也就是说,加上 500 篇本科毕业论文,现共计 2000 个论文处理片段。在这一阶段,所有可用的数据仍处在很混乱的状态,作者需要对这些数据进行规整。经过烦琐和复杂的人工数据整理之后,作者挑出了需要进一步研究的 12 种主要错误类型,而 Turnitin 检测出来的另外 21 种错误类型,因其错误出现频次过低或是偏离了本节所探究的语言错误,被排除在外,不予进行深入研究。

笔者将每一个论文片段中的语言错误数量相加,就得到了某一种语言错误类型出现的总次数。然而,硕士毕业论文与本科毕业论文的长度是不一样的,为了保证研究的客观性和有效性,笔者分别计算了每千词中某一种语言错误在硕士毕业论文和本科毕业论文中出现的频次。于是,笔者首先计算本研究用到的硕士毕业论文和本科毕业论文的平均长度。就本科毕业论文而言,主体部分的平均长度为 5868 个单词,而硕士论文主体的平均长度为 18700 个单词。接着,笔者计算了每种错误类型在每千词中出现的频次。就遗漏或多余冠词为例,笔者通过将每一个上传论文片段中每一种错误类型出现的次数相加,就可以得到这种错误类型出现的总次数。在本研究中用到的 1500 个硕士论文片段中,遗漏或多余冠词出现了 62689 次。考虑到本研究中用到的硕士论文的平均长度,500 篇硕士论文的总词数为 9350000。这也就是说,硕士论文中,平均每千词遗漏或多余冠词出现了 6.7047 次。相似地,本研究中其他语言错误出现的频次也据此进行了计算。

不管某一种软件程序设计的有多么完美,认可度有多高,它也无法完全避免误判,特别是对动态的、有情境性的人类语言的误判,于是笔者下载了经 Turnitin 所检测标注过的 50 篇硕士毕业论文和 50 篇本科毕业论文,对其中的语言错误,进行了人工判断。经过这样一系列对检测结果的处理,笔者最终得到了可行度较高的两组数据。

就目前所得到的研究结果,笔者首先对英语专业硕士毕业论文和本科毕业论文分别做了一个总体的分析,其中包括尝试性地分析错误产生的背后原因。接着,笔者就英语专业硕士毕业论文和本科毕业论文在频次上存在着显著差异的某种错误类型及其背后原因进行了探索性研究。在本研究中,显著差异,即 Asymp. Sig. (2-tailed)≥0.05 是通过 SPSS 鉴定完成的。而后,研究重心就转向了对英语专业硕士毕业论文和本科毕业论文中错误频次最高的语言错误类型的分析。

接下来,笔者就真实语言环境下定冠词、不定冠词和零冠词的误用进行了深入的分析,其目的是为了找出高级英语学习者学术写作中冠词误用的特点。

8.3.5 数据分析

本研究主要分两个步骤对所用的数据进行分析。首先,笔者采用了 SPSS。在几轮的在线处理工作和人工辅助工作之后,英语专业硕士毕业论文和本科毕业论文中的主要语言错误显露无遗。然而,为了进一步探讨第二个研究问题,作者使用了 SPSS 中的非参数分析中的独立样本 Mann-Whitney U 检验以发现英语专业硕士毕业论文和本科毕业论文中哪些语言错误在频次上存在着显著差异,需要在真实的语境中进行进一步分析。而后作者使用了 Kruskal Wallis 以检测英语专业大类下各个不同方向和学校的硕士毕业论文之间是否存在显著差异。

然后，笔者开展了一项定性研究以修正并进一步消化数据。为保证整个研究结果的客观性，笔者首先对 Turnitin 检测出的语言错误在真实语境下进行了人工排查。接下来，笔者对英语专业硕士毕业论文和本科毕业论文中的主要语言错误类型背后可能存在的起因做了尝试性分析。最后，由于英语专业硕士毕业论文和本科毕业论文中的主要错误类型都落在了遗漏或多余冠词上，笔者对遗漏或多余冠词进行了深入分析。此前，笔者已经下载了 10% 的经 Turnitin 检测过的英语专业硕士毕业论文和本科毕业论文，即 50 篇硕士毕业论文和 50 篇本科毕业论文，对其中遗漏或多余冠词进行一一解读，以得到一些具有启发性的发现。相应地，对冠词误用的探究也分为两个部分：一个是研究定冠词、不定冠词和零冠词的错误率使用排序，另一个是对冠词的省略、冗余和混用的错误使用率排序。在对这共计 100 篇论文做冠词研究时，笔者没有将出现在括号中误用的冠词和大约 2% 的误判的冠词纳入最后的统计，以此来保证研究结果的可靠性。

8.4 结果与讨论

8.4.1 Turnitin 中语言错误类型的描述

为了回答第一个研究问题，对本研究中主要错误类型做一个清晰的描述是极其重要的。

Turnitin 检测出的错误一共有 33 种，除偏离严格语法错误和出现频次过低的技巧和风格这两大类，本章系统研究的只有语法和使用这两大类中的语言错误。

在语法和使用这两大类中，只有那些每千词错误频次大于 0.1 的语言错误类型才被认为是主要语言错误类型，才值得进一步研究。经过仔细的分析和计算，语法类中的连写句、主谓不一致、需校对的错误、所有格、错误形态的动词、分裂句和代词上的错误为主要语言错误，并值得进一步的研究。而在使用类中，共计有 5 个主要语言错误类型，即遗漏或多余冠词、介词错误、混淆的字、错误的冠词和单词的错误形态。下文将详细讨论每种错误类型的具体定义和表征。

8.4.1.1 语法中的语言错误类型

总的来说,由 Turnitin 检测并诊断出的英语专业硕士毕业论文中主要语法语言错误共有 7 种(每千词错误频次大于 0.1),而本科毕业论文中主要语法语言错误类型共计只有 6 种。在进一步研究英语专业研究生和本科生在毕业论文中所犯的主要语法语言错误类型之前,对主要语法错误类型进行详细的一一定义和描述是十分必要的。以下便是对 7 种主要语法语言错误的定义与描述和摘自上传至 Turnitin 的硕士毕业论文和本科毕业论文中真实语言样本实例的讨论。

(1)分裂句(frag.)。Turnitin 将 frag. 标注在语法上分裂的句子或是缺少逗号的句子上。这个被标注的句子应当被再次仔细阅读以确保它是一个有着合适主语和谓语的独立句子,如:Learners have pragmatic failure because the failure of recognition and understanding of relationship between signifier and signified within different languages.

(2)连写句(run-on)。连写句指向的是句子层面的语言错误。Turnitin 会将 run-on 标注在那些缺乏连词、标点符号或者是需要将一个长句子分解为两个独立、完整短句的句子上面,如:This research has shown that the learners with a strong confidence tend to succeed easily, in other words, the expectation of the students who develop their speaking English fast is higher than those who develop it slowly.

(3)主谓不一致(s/v)。主谓不一致错误类型指的是,在一个完整的句子中,主语和谓语在数量上不匹配,如:Psychologist call this process transfer.

(4)需校对的错误(proofread)。需校对的错误是标注在那些由于某种语言错误的存在而导致下划线的句子在理解上有障碍或者是一个拼写错误的单词导致读者无法正确理解整个句子,如:The first one is the actual situation of development of students, subjectivity in English class in senior high schools questionnaire.

（5）所有格错误(possessive)。所有格错误指的是撇号的误用，或是某个名词的单复数的混用，如：Its ratification the following year made the states' part of a single republic with a strong central government.

（6）动词的错误形态(verb)。动词的错误形态指的是这个动词的时态存在着误用，如：The thesis mainly aim to study the correlation between competence and pragmatic failure, which will be elaborated in Chapter 5.

（7）代词上的错误(pronoun)。代词上的错误指的是在某个语言环境中，一个错误使用的代词的存在，如：Self-consciousness is mainly manifested in the relationship between people and self.

8.4.1.2 使用中语言错误类型

上述内容解说了语法中主要错误类型的定义和表征，自然地，本节的重点是对使用中主要语言错误的定义和描述。硕士毕业论文和本科毕业论文在使用中的 5 种主要错误类型（每千词错误频次大于 0.1）是完全一样的。相似地，使用中每一种错误类型会在下文中配合着真实语言案例进行解释。

（1）遗漏或多余冠词(article error)。Turnitin 会将遗漏或多余冠词标注在使用不当的冠词、需要删除的冠词或是需要增添一个冠词的地方，如：In fact, after finishing this book, the readers can find that the title of Coingby tells them a lot.

（2）介词错误 (prep.)。所谓介词错误，是指介词搭配的误用，如：The lines are not obstacles of a movie but the driving force of the built story. 在这个摘抄的句子中，第一个 of 被标注为介词上可能存在着误用，需要进行进一步审查、更正。

（3）混淆的词(confused)。所谓混淆的词，指的是两个在拼写、读音或者是意思上相近的单词之间的混用。在某一个特定语境中，本应当使用的一个单词却被误用成与它相近的另外一个单词，如：The only quick road to get rid off the miserable life is to to unify, to stand up, to fight against, and to strive for their freedom and life. 在这个句子中，off 被下划线，提示应当替换成 of。

（4）错误的冠词（wrong article）。错误的冠词指的是在使用冠词更为恰当的地方却错误或者不当地使用了不定代词或者指示代词。事实上，错误的冠词从严格意义上说不应该解读为冠词的误用。这些被做了标注的句子应当被仔细研读，以决定是否用冠词来替换句中的不定代词或是指示代词会更好。与"遗漏或多余冠词"不同，"错误的冠词"从本质上来说并不是冠词的错误使用，如：For these kind of works may allow mothers to supervise or take care of their children. 这个句子摘自一篇文学方向的硕士毕业论文，在这个句子中，these 被标为错误的冠词。

（5）单词的错误形态（wrong form）。从字面来看，就可知单词的错误形态指的是某个单词错误形式的使用，如：The second is that nationalisms produce imperialisms, that is to say, they are universalizing and world-conquering in their aspirations. 显而易见，在这个摘抄的句子中，nationalisms 和 imperialisms 被标注为单词的错误形态。

8.4.2 本研究中主要错误类型

8.4.2.1 硕士论文中主要语言错误

经过仔细计算，每篇硕士毕业论文的平均长度为 18700 词。尽管本节的研究材料为 500 篇硕士毕业论文（即 1500 个论文片段），经过几轮的人工和在线处理，只有 1420 个论文片段给出了 Turnitin 的分析结果，也就是说，大约 473.3 篇完整的硕士论文是本节真正的研究材料。由此可知，硕士毕业论文语料库总次数为 8845100。考虑到研究重要性和研究意义，所有每千词错误频次小于 0.1 的错误类型都被认为是不重要的，不具代表性的，也就不值得进一步进行考虑。在硕士论文语法错误中，由于错误或遗漏的词和混淆的句子每千词错误频次分别为 0.019 和 0.069，笔者将它们排除在进一步分析范围之内。根据这一原则，硕士论文语法错误中主要语言错误类型及其相应频次按降序排列如表 8.4。每千词错误频次精确到小数点后三位。

表8.4 硕士论文中主要语法错误的频次

错误类型	frag.	run-on	s/v	proofread	possessive	verb	pronoun
总数	12541	10565	3223	2865	2624	1962	1030
每千词频率	1.418	1.194	0.364	0.324	0.297	0.222	0.116

上述的统计方法同样适用于硕士论文中的使用错误,唯一的不同之处在于,在使用类错误中,经过 Turnitin 分析,最后得到分析结果的论文片段共有 1428,即约 476 篇完整长度的论文。由于本章所用到的硕士论文主体的平均长度为 18700,那么硕士论文使用类语料库总次数约为 8894966。同样地,硕士毕业论文使用类的 5 种主要错误类型及其相应频次如表 8.5 所示。由于非标准的单词形态、否定句上的错误和错误的比较的每千词错误频次分别为 0.003、0.014 和 0.007,它们没有被纳入进一步讨论的范围中。每千词错误频次精确到小数点后三位。

表8.5 硕士论文中主要使用错误的频次

错误类型	article error	prep.	confused	wrong article	wrong form
总数	59638	8664	4373	3335	1217
每千词频率	6.705	0.974	0.490	0.375	0.140

8.4.2.2 本科论文中主要语言错误

在经过与硕士毕业论文中主要语言错误类型相似的计算和分析之后,本科毕业论文的语法和使用中主要语言错误类型也相应得到结果。同样,虽然最初的原始语言材料为 500 篇本科毕业论文,但其中只有 486 篇上传论文得到了分析结果。由于英语专业本科毕业论文主体部分的平均长度为 5868 个单词,也就是说,486 篇本科毕业论文总词数加在一起是 2851848 词。表 8.6 全面展示了本科毕业论文语法类主要语言错误类型及其频次。由于每千词错误或遗漏的词、混淆的句子和代词上的错误的频次分别为 0.028、0.075 和 0.076,它们没有被列入下表。每千词错误频次精确到小数点后三位。

表 8.6　本科论文中主要语法错误的频次

错误类型	run-on	s/v	proofread	possessive	verb	frag.
总数	1860	1461	1033	974	919	813
每千词频率	0.652	0.521	0.362	0.342	0.322	0.285

在使用类语言错误中,最终给出研究结果的有 485 篇论文。出于同样的原因,错误或遗漏的词、混淆的句子和代词上的错误的每千词错误频次分别为 0.005、0.018 和 0.007,它们没有被列入表 8.7。

表 8.7　本科论文中主要使用错误的频次

错误类型	article error	prep.	confused	wrong article	wrong form
总数	22112	3001	1283	819	443
每千词频率	7.770	1.054	0.451	0.288	0.156

8.4.3　硕士毕业论文和本科毕业论文主要语言错误类型对比

以上四个表格清晰地展示了英语专业硕士毕业论文和本科毕业论文中主要语言错误,接下来研究重心即转移到硕士论文和本科论文语言错误的对比。

8.4.3.1　主要语法语言错误对比

显而易见,硕士论文和本科论文中的主要语法错误在数量上是不一样的。就硕士毕业论文而言,在 Turnitin 所检测出的 9 种语言错误中,有 7 种语言错误的频次大于 0.1 次每千词,也就是本章所定义的主要语言错误。而本科毕业论文中,相应的主要语法语言错误仅为 6 种,其中代词的错误在本科论文中是没有的,这可能是由于本科论文的表达相对简单。在本科论文中,由于句子相对简单,前面出现的名词和代词也较少,因而指代的错误更容易避免。就本科论文中 6 种主要的语法错误而言,它们与硕士论文中的语法错误是一一对应的,只不过排名顺序不同。除了分裂句和代词上的错误,其余 5 种主要的语法错误,即连写句、主谓不一致错误、需校对的错误、所有格错误和错误形态的动词都同时出现在硕士论文和本科论文中,并且排列顺序上完全一致。此外,值得注意的是,硕士论文中最主要的语法错误类型,即分裂句错误频次达到每千词 1.418 次,而它在本科论文的语法错误中却排在最后一位,错误频次仅为 0.285 次每千词。考虑到本研究所用的文本数量之大,这个情况并非偶然。其原因可能归结于硕士论文表达的复杂性和每个独立句子的长度偏长。要完成硕士毕业论文,广泛的阅读、成熟而坚实的学术立足点以及简明、清晰地表述复杂观点的能力是必不可少的。一般情况下,硕士毕业论文在平均句长和句子复杂性方面是超过本科毕业论文的。在某些情况下,硕士论文中单个句子长度可以达到甚至超过 100 词,这就很有可能会引起句法错误。其余 5 种硕士论文和本科论文中完全一致的错误类型就不在此处赘述了。

8.4.3.2 主要使用语言错误对比

在分析挖掘了硕士论文和本科论文中主要语法错误间的差异之后,笔者将重点讨论主要的使用类语言错误之间的差异上。从表 8.5 和 8.7 可以看出,总体而言,硕士论文中,使用类的 5 种主要错误类型与本科论文中的主要使用类错误是一一对应的。另外,这 5 种主要使用类错误在本科论文和硕士论文中的排列顺序都是一致的,遗漏或多余冠词始终是最主要的错误类型。

错误或遗漏的冠词、介词错误以及混淆的字同时是本科论文和硕士论文中最主要的语言错误。在硕士论文和本科论文中,遗漏或多余冠词的每千词错误频次远远超过其余 4 种使用类错误的总数。另外,介词错误位列第二,每千词错误频次在 1.0 左右。介词错误主要存在于一些固定搭配和语意群中。经过仔细地人工阅读和排查,笔者发现,诸如"independent on"和"effects in"之类的搭配错误随处可见。只需稍加注意,绝大部分介词错误是可以避免的。就混淆的字、错误的冠词和单词的错误形态而言,笔者经仔细阅读之后,发现这些错误大部分是可以自行修正的。

8.4.4 错误频次上的差异

上文所述内容详细地说明了第一个研究问题。基于以上内容,笔者可以把研究焦点转向对第二个研究问题的探讨。在分析挖掘这12种主要语言错误在硕士论文和本科论文中是否存在显著差异外,作者还探究了三个不同层次大学硕士论文以及四个英语不同方向的硕士论文之间是否存在显著差异,以丰富本章的研究发现。

为了探究不同组别之间是否存在着显著差异,笔者使用了SPSS进行科学的统计。就本章而言,作者只讨论了主要语言错误。需要指出的是,硕士论文中,主要语法错误是7种,而这一数字在本科论文中是6。在这一部分的分析中,为了平衡和客观研究本科论文和硕士论文中主要语言错误上的差异,本科论文中非主要错误形式——代词上的错误也被列入统计范围之内。

考虑到本章所研究的主要错误类型的性质为两组独立的数据,笔者在分析的时候,采用的是非参数检验中的独立检验——Mann-Whitney U。结合先前的研究,只要某种主要语言错误的显著性概率值(Sig.)不超过0.05,笔者即认为,本科论文和硕士论文在这种语言错误上存在显著差异。表8.8给出了分裂句的秩次和秩次检验结果,并对这个主要语言错误类型在本科论文和硕士论文上是否存在显著差异给出了具体数据。

表8.8　硕士论文和本科论文中分裂句错误对比

	秩次				秩次检验	
	属性	数量	平均秩次	总秩次	Mann-Whitney U	52727.500
分裂句	本科论文	485	351.72	170582.50	Wilcoxon W	170582.500
	硕士论文	1420	1158.37	1644882.50	Z	-27.949
	总计	1905			Asymp. Sig. (2-tailed)	.000

从表8.8可以清晰地看出,分裂句在本科毕业论文中的平均秩次是351.72,而这一数字在硕士毕业论文中却高达1158.37。因此,我们有充足理由假设硕士毕业论文和本科毕业论文在分裂句上存在着显著差异。这个假设是否正确,还有待秩次检验的验证。

表8.8中秩次检验结果显示,分裂句的显著性概率值为.000(.000<.005),于是,我们可以确信,研究生和本科生毕业论文在

分裂句上的确存在着显著差异,即研究生所犯此类错误的数量远远超过本科生。对于这种现象背后的原因,我们之前已经做出了推测,而且具体的原因分析不在本章研究范围之内。至于其他6种主要语法语言错误的对比,为了方便讨论,我们统一将它们放在表8.9中。

表8.9 硕士毕业论文和本科毕业论文中6种语法错误的秩次

属性	数量	连写句		主谓不一致		需校对的错误	
		平均秩次	总秩次	平均秩次	总秩次	平均秩次	总秩次
本科论文	485	608.05	294905.00	1089.82	528562.50	1007.95	488853.50
硕士论文	1420	1070.82	1520560.00	906.27	1286902.50	934.23	1326611.50
属性	数量	所有格错误		动词的错误形态		代词上的错误	
		平均秩次	总秩次	平均秩次	总秩次	平均秩次	总秩次
本科论文	485	1032.26	500646.00	1089.46	528389.50	953.89	462636.00
硕士论文	1420	925.93	1314819.00	906.39	1287075.50	952.70	1352829.00
总数	1905						

基于这6种主要语法错误在硕士毕业论文和本科毕业论文中平均秩次和总秩次上的差距,笔者假设本科论文和硕士论文在连写句上可能存在着显著差异。由于其他5种主要语言错误类型的平均秩次和总秩次之间的差距不是很大,它们在频次上是否存在显著差异,还有待于秩次检验的验证(见表8.10)。

表8.10 硕士毕业论文和本科毕业论文中6种语法错误对比

	连写句	主谓不一致	需校对的错误	所有格错误	动词的错误形态	代词上的错误
Mann-Whitney U	177050.0	277992.5	317701.5	305909.0	278165.5	343919.0
Wilcoxon W	294905.0	1286902.5	1326611.5	1314819.0	1287075.5	1352829.0
Z	−16.042	−6.453	−2.609	−3.775	−6.582	−.056
Asymp. Sig. (2-tailed)	.000	.000	.009	.000	.000	.956

与以上假设一致,本科论文和硕士论文在连写句上的确存在显著差异,其显著性概率值为.000(000<.005),也就是说,英语专业研究生在撰写论文时所犯的连写句错误远远多于英语专业本

科生,其原因可能归咎于硕士论文语言表达的复杂性和思想的深刻性。硕士毕业论文句子的平均长度远超过本科毕业论文的长度。研究生在撰写毕业论文时往往会刻意拉长句子长度,以使论文的句子显得比较高档。他们会有这样一种错误的倾向,即句子越长,语言越复杂,他们的论文也就显得更有深度。

至于其余5种主要的错误类型,从表8.10可以看出,本科和硕士论文在主谓不一致、需校对的错误、所有格错误和动词的错误形态上存在着显著差异。也就是说,英语专业本科毕业论文比硕士毕业论文中包含更多的主谓不一致错误、所有格错误和动词的错误形态。究其原因,笔者认为,这可能是因为研究生比本科生的语言功底更为扎实;另外,硕士毕业论文相较于本科毕业论文在提交最终稿之前修改的次数更多,也更为仔细。然而,更深入和系统的原因还有待以后的研究来挖掘。另外,本科和硕士毕业论文在代词的错误上并不存在显著差异。

讨论完本科和硕士论文在主要语法错误类型上的差异之后,接下来,研究的重点转向主要使用类语言错误,相同地,具体信息见表8.11。

表8.11 硕士毕业论文和本科毕业论文中5种使用错误分析

属性	数量	遗漏或多余冠词		介词错误		混淆的词	
		平均秩次	总秩次	平均秩次	总秩次	平均秩次	总秩次
本科论文	485	1047.05	507820.50	998.38	484215.50	921.30	446828.50
硕士论文	1420	920.88	1307644.50	937.50	1331249.50	963.83	1368636.50

属性	数量	错误的冠词		单词的错误形态	
		平均秩次	总秩次	平均秩次	总秩次
本科论文	485	820.02	397708.50	949.90	460701.50
硕士论文	1420	998.42	1417756.50	954.06	1354763.50
总数	1905				

表8.11显示,本科和硕士论文在遗漏或多余冠词、介词错误、混淆的词、错误的冠词和单词的错误形态上平均秩次的差距分别为126.17、60.88、42.53、178.4和4.16。据此,笔者假设显著性差异存在于遗漏或多余冠词以及错误的冠词上,而究竟哪些错误

类型上存在着显著差异,哪些没有,仍需秩次检验的验证(表8.12)。

表8.12 硕士毕业论文和本科毕业论文中5种使用错误对比

	遗漏或多余冠词	介词错误	混淆的词	错误的冠词	单词的错误形态
Mann-Whitney U	298734.5	322339.5	328973.5	279853.5	342846.5
Wilcoxon W	1307644.5	1331249.5	446828.5	397708.5	460701.5
Z	-4.362	-2.114	-1.489	-6.280	-.161
Asymp. Sig. (2-tailed)	.000	.035	.136	.000	.872

从表8.12可以清晰地看出,遗漏或多余冠词和错误的冠词,这两个变量的显著性概率值均为.000,即本科论文和硕士论文在这两种错误类型上存在着显著差异。但是,就遗漏或多余冠词而言,本科生所犯的错误远比研究生多;至于错误的冠词,研究生所犯的错误却多于本科生。本科论文和硕士毕业论文在介词错误、混淆的词和单词的错误形态上不存在显著差异。

总而言之,在本章所研究的12种主要语言错误中,显著性差异仅存在于分裂句、连写句、主谓不一致、所有格错误、动词的错误形态、遗漏或多余冠词以及错误的冠词方面。

8.4.5 硕士毕业论文和本科毕业论文中冠词的误用

目前国内外冠词的误用有3种,即冠词的遗漏、冠词的混用和冠词的冗余,究竟哪一种才是最难掌握的,而且哪一种才是犯错最多的,研究从未停止。本节采用Turnitin对硕士毕业论文和本科毕业论文中误用的冠词进行进一步研究,以此为研究材料来探讨这个问题。

笔者通过人工地对Turnitin所检测出的冠词开展二次检测,结果发现,总的来说,在硕士毕业论文和本科毕业论文中冠词的遗漏最常出现在单数名词之前,这也是零冠词错误最主要的表现形式。另外,冠词的冗余最主要的表现形式是"定冠词+可数名词复数"或者"定冠词+抽象名词单数",是定冠词错误的最主要类型。此外,例如,"in 1980s"也是导致冠词误用的一大现象。

8.4.5.1 硕士论文中冠词的误用

对所有的 50 个硕士论文片段进行二次人工检测之后,笔者发现了 2026 个误用的冠词以进一步探究。冠词的具体错误分配见表 8.13。

表 8.13 硕士论文中冠词的误用

冠词误用种类	总数	百分比	冠词的错误	总数	百分比
冠词的遗漏	1114	55%	/	974	48%
冠词的冗余	831	41%	the	851	42%
冠词的混用	81	4%	a/an	201	10%

表 8.13 清晰地表明,硕士论文中这 3 种冠词误用由多到少的排列顺序是冠词的遗漏 > 冠词的冗余 > 冠词的混用,这与李景泉等(2001)的研究结果是一样的。

说到冠词的错误,零冠词上的错误最多,其次是定冠词上的错误,不定冠词上的错误是最少的。这一结果与刘爱娟等(2013)、朱叶秋等(2008a)的研究有出入,但与 Zhu(2003)研究结果一致。进一步来说,冠词的误用在 3 个不同层次大学之间和 4 个英语研究方向间的分布可以分别见表 8.14 和表 8.15。

表 8.14 冠词的误用在 3 个不同层次大学间的分布

大学层次	冠词的遗漏	冠词的冗余	冠词的混用	/	the	a/an
"985 工程"高校	54.8%	41.7%	3.5%	52.4%	40.9%	6.7%
"211 工程"高校	58%	38.2%	3.8%	44.4%	47.1%	8.5%
普通高校	52.6%	43.5%	3.9%	47.5%	44.7%	7.8%

表 8.15 冠词的误用在 4 个英语研究方向间的分布

英语研究方向	冠词的遗漏	冠词的冗余	冠词的混用	/	the	a/an
翻译	58.2%	38%	3.8%	36.9%	52.5%	10.6%
理论语言学	59%	35.2%	5.8%	57.1%	34.3%	8.6%
文学	44.7%	53%	2.3%	44.8%	37.6%	17.6%
应用语言学	56.6%	40.7%	3%	57.6%	39.8%	2.6%

总的来说,3 个层次硕士毕业论文中的冠词的误用在分布上不存在显著差异。最常见的冠词的误用无一例外是冠词的遗漏和

冠词的冗余以及零冠词和定冠词。至于英语不同研究方向的硕士论文中冠词的误用,整体而言,除了文学研究方向硕士论文中冠词的冗余多于冠词的遗漏以及翻译研究方向零冠词上的错误少于定冠词上的错误这两种情形,其余的各项冠词错误分布趋势与总趋势是一致的。

8.4.5.2 本科论文中冠词的误用

50篇本科毕业论文中错误的冠词总计达到2215,其具体分布情况见表8.16。

表8.16 本科论文中冠词的误用

冠词误用种类	总数	百分比	冠词的错误	总数	百分比
冠词的遗漏	1285	58%	/	1285	58%
冠词的冗余	897	40.5%	the	848	38.3%
冠词的混用	33	1.5%	a/an	82	3.7%

上表清晰显示,本科毕业论文中冠词误用的顺序与硕士论文中冠词误用的顺序是完全一样的,即冠词的遗漏 > 冠词的冗余 > 冠词的混用,同时,零冠词 > 定冠词 > 不定冠词。不管是英语专业研究生还是本科生,对他们而言,冠词的省略和冠词的冗余以及零冠词和定冠词都是相对难掌握的。而本科论文中,混用的冠词和不定冠词使用错误的百分比却相对低于他们在硕士论文中所占的百分比。从人工检测结果来看,相较于硕士毕业论文,本科毕业论文中冠词的错误使用更加明显,其中有很多错误只需稍加注意就可避免。例如,"an important media"。另外,与硕士毕业论文中冠词的误用相比,本科毕业论文中冠词的错误更多地存在于固定搭配和语义群中,例如,"on top of"与"on the top of"。

8.5 结 论

本节主要讨论本研究的主要研究结果。研究结果表明,英语专业硕士毕业论文和本科毕业论文中主要语言错误(每千词错误频次大于0.1)可以总结为两大类:语法类语言错误和使用类语言错误,共12类语言错误。除了代词上的语言错误之外,其余11种主要语言错误,即分裂句、连写句、主谓不一致、需校对的错误、所有格错误、动词的错误形态、遗漏或多余冠词、介词错误、混淆的词、错误的冠词以及单词的错误形态等,它们既是硕士论文中主要的错误类型也是本科毕业论文中主要的错误类型,只不过在错误频次的排序上有所不同。硕士论文中主要错误类型及其相应频次(每千词)如下:分裂句 1.418、连写句 1.194、主谓不一致 0.364、需校对的错误 0.324、所有格错误 0.297、动词的错误形态 0.222、代词上的错误 0.116、遗漏或多余冠词 6.705、介词错误 0.974、混淆的词 0.490、错误的冠词 0.375 以及单词的错误形态 0.140。本科论文中主要语言错误类型及其相应频次(每千词)总结如下:连写句 0.652、主谓不一致 0.521、需校对的错误 0.362、所有格错误 0.342、动词的错误形态 0.322、分裂句 0.285、遗漏或多余冠词 7.770、介词错误 1.504、混淆的词 0.451、错误的冠词 0.288、单词的错误形态 0.156。此外,本科毕业论文中的语言错误比硕士毕业论文中的语言错误要明显多一些。研究结果显示,显著性差异的确在分裂句、连写句、主谓不一致、所有格错误、遗漏或多余冠词和错误的冠词中存在,即它们的显著性概率值小于 0.05。在分裂句、连写句、错误的冠词上,研究生比本科生更易于犯错,而在主谓不一致、所有格错误、动词的错误形态和遗漏或多余冠词上,本科生犯的语言错误更多。总的来说,通过将硕士毕业论文和本科毕业论文中的语言错误加以比较,笔者发现,硕士毕业论文中的语言错误更多地集中在句子层面,这可能是由于研究生在论文撰写过程中倾向于将单个句子写的很长,以使得他们论文的语言显得比较高端,如分裂句、连写句;而本科毕业论文中的语言错误更多地集中在词汇层面,如主谓不一致、动词的错误形态、所有格错误等。

第九章 本研究的启示

本研究是首次针对我国英语专业硕士研究生毕业论文的抄袭和语言错误进行大面积调查与分析,这样的研究有助于培养英语专业研究生良好的学术修养,坚持以诚实为本、踏踏实实做学问的原则,有助于他们以高质量的毕业论文结束他们的硕士阶段学习。

9.1 学生论文抄袭行为研究的启示

在几年的研究过程中,本项目课题组全体成员首先建立了一个6100篇英语专业研究生毕业论文语料库,通过国际知名抄袭检测和语言错误分析平台Turnitin,对我国不同省份和不同层次高校英语专业研究生毕业论文的抄袭行为和语言错误进行了详细、认真的研究,通过对不同层次大学防抄袭措施的研究和对不同层次人员的访谈,总结了研究生论文存在的问题并提出了相关的建议和改进的措施。研究结果显示,52%的学生的毕业论文复制比在20%以内,在合理范围之内,2.6%的学生论文抄袭率超过50%。重复率最低的是1%,最高的占78%,表明个体间有很大的差异。抄袭材料主要来自互联网、出版物和学生论文,而抄袭来自互联网的比例居首位,其次是学生论文,出版物排在最后。针对目前研究生毕业论文的抄袭现状,如何防止学生论文抄袭?我们的建议如下。

第一,抄袭来源的分布显示,网络资源总是最多地被引用和抄袭,而出版物资源反而引用得最少,研究还表明,"资源不足"是导致抄袭的原因之一,因此学校应当提供更多方便学生接触阅读最新最权威出版物的机会。同时,要教会学生正确地对待纷繁复杂的网络资源。学生重复或抄袭内容大部分来自网络和来自出版物最少的现象与学生阅读直接有关,有些学生迷恋网络,而不愿意多读书,导师需要鼓励学生多读书,向书本寻求帮助而不是依赖互联网。在三种类型的高校,抄袭率并没有太大差别,"985工程"高校和"211工程"高校学生论文抄袭情况与普通高校学生差别不大。这个令人难以置信的结果告诉我们,所有高校都应该对学生论文抄袭高度重视。同时,还要充分认识到,写作过程中持续的监督和严格的答辩是非常重要的。

第二,问卷调查结果显示,大多数研究生对抄袭的概念并不清晰,因此,需要对抄袭的概念加以明确,有必要为学生提供学术写作指导,强调抄袭的概念和危害。本研究的"抄袭"主要指不恰当引用,而不考虑用意,导师们要指导学生如何正确引用,告诉学生什么是引用、什么情况下要引用、引用什么内容、怎样引用。由于抄袭已成为研究生中一个愈加严重的问题,我们应更注重学生的学术诚信。学校和相关部门需要采取有效措施减少和制止抄袭行为。为了减少抄袭,需要强调专业知识的熟练掌握,只有具备出色的学术能力,同时又了解合理的写作规范,学生才能写出高质量的毕业论文。

第三,接受问卷调查的学生指出,"语言能力"也是导致抄袭的一个重要原因,因此在指导学生正确引用的同时,教师应当意识到学生首先是一个语言学习者,而提高写作能力是避免抄袭的一个重要前提。定性调查结果显示,不了解抄袭具体规则、时间利用不当和方便的网络是导致学生抄袭的主要原因,因此有必要对学生进行写作规范教育。同时,导师的监督也很重要。

第四,研究结果表明,抄袭率存在于各类不同高校和不同的研究方向,因此,各类高校都应该高度重视。相关部门要对研究生进行长期的学风和学术诚信教育,从源头引导研究生坚守学术诚信,遵守学术规范。研究生导师要以身作则,起到表率作用。同时,要正确引导学生以诚信为本,反对抄袭。学校相关部门更要坚守学术至上、学以致用的办学理念,制定相关的政策,加大对抄袭行为的惩罚力度,为提高研究生毕业论文写作水平营造良好的学术氛围。

第五，统一标准，严惩抄袭行为。从目前我们调查的一些高校情况来看，不同学校对抄袭行为的处罚标准差别非常大。如果教育部能有个统一的标准，高校操作起来比较方便，对遏制学生论文抄袭行为也更有帮助。

9.2 学生论文语言错误研究的启示

Turnitin 系统将语言错误分为四大类：语法错误、使用错误、构词错误和文体。（1）语法（grammar）错误包括 9 种：连写句、错误或遗漏的词、校对、混淆词、主谓不一致、所有格错误、代词错误、错误形态的动词和不完整句子。（2）使用（usage）错误包括 8 种：单字的错误形态、介词上的错误、遗漏或多余冠词、错误的冠词、非标准的单字形态、否定句上的错误、错误的比较和混淆的字。（3）构词（mechanics）错误包括 10 种：遗漏撇号、混合的单词、复合词、在一个句子中遗漏开头的大写字母、遗漏最后的标点符号、连字号上的错误、遗漏逗号、遗漏、大写专有名词错误和重复。（4）文体（style）错误包括 5 种：不恰当的字或词、太多使用对等连接词的句子、太多短句子、被动态和太多长句子。本章重点分析讨论其中的两大类错误：语法和使用错误。研究结果显示：排在前五名的语言错误分别是：冠词错误、不完整句子、连写句、介词错误和容易混淆的词。针对目前研究生毕业论文的语言错误，如何减少学生论文中的语言错误？我们建议如下。

第一，本研究数据显示，英语专业硕士研究生的英语语言错误比较严重，无论是哪一类高校硕士研究生的毕业论文都存在不同程度的语言错误。因此，硕士研究生在论文写作过程中要高度关注语言使用的准确性和规范性。外语教师在教学过程中，要特别关注冠词错误、句子不完整、连写句、介词错误等出现错误频率较高的错误现象，帮助和引导学生纠正这些错误。为减少和避免此类错误的发生，研究生应该多写多练，培养语感。写作是一种需要大量练习的技能，但是目前研究生的写作练习量远远不够。在我国长期强调英语阅读重要的同时，必须要加大研究生的英语写作量，使学生在大量的写作实践中提高自己的语言水平。因为，"写作和翻译考察的是语言产出能力……"（王瑛和黄洁芳，2014），而研究生的毕业论文是研究生英语语言能力产出的最重要标志，必须高标准严要求。由于英语专业硕士研究生在写作中仍犯有很多语言错误，研究生首先要意识到这一问题的严重性，并引起高度的重视。研究生阶段的学习除了重点学习内容外，万不可忽视英语语言知识的学习，在写作过程中要格外注意本研究提出的高频错误的纠正。研究生导师在强调专业教学内容的同时，也要关注语言教学。

第二，研究表明，"211工程"和"985工程"高校英语专业硕士研究生毕业论文中所犯错误频率明显低于普通高校学生论文的错误率，但是前两类高校学生论文中的语言错误同样存在不少问题，应当引起相关人员的警觉。而普通高校英语专业硕士研究生论文中的语言错误相对比较严重，老师和学生们更应该引起高度重视，向"985工程"和"211工程"大学学习取经，勤奋努力，迎头赶上，提高论文写作水平。研究结果同时表明，所有高校英语专业硕士研究生在论文写作中都存在着语言错误，应该引起学生和老师的高度重视，不能为了强调学习内容而忽视英语语言形式的学习和语言知识的巩固。

第三，针对错误的原因，应采取一系列措施，减少语言错误的发生。如果学生缺乏扎实的英语语言知识，他们首先需要补课，这是对英语专业研究生最基本的要求。研究生导师对此需要重视，研究生阶段虽然不设立专门的英语语言知识课程，但在现有课程中如果能融入一些语言知识的巩固和提高，可以帮助学生减少写作中的语言错误。

第四，在研究中也发现部分错误是由于学生的粗心所致，对于粗心引起的错误，学生一定要认真仔细多次反复阅读论文，及时发现错误，及时纠正。也可以在同伴之间互相阅读，相互纠正，把错误降到最低水平。但是，不能只想着靠同伴帮忙检查，而应锻炼自己形成批评性自我检查的能力，错误检查时，应采取他者的批评视角,认真仔细阅读自己的论文,从而发现更多的错误,而不要带着已知的定论去欣赏性地阅读自己的论文,那样,很难发现更多的语言错误。

　　第五,针对母语语言迁移造成的语言错误,学生需要认真学习二语习得语言迁移的相关知识,减少语言迁移现象。在写作过程中,尽量发挥语言正迁移的作用,尽量降低语言负迁移造成的语言错误。

　　总之,英语专业硕士研究生毕业论文写作中语言错误的减少和英语写作水平的提高需要研究生本人的努力和导师的精心指导。

第十章 如何撰写高质量的毕业论文

本章围绕"如何撰写研究生毕业论文"这个研究生十分关心的话题展开讨论,这里与其说是"讨论",不如说是"引导"和"建议"。因为,本章内容不是简单的节次叠加,而是一个对近百名研究生论文进行指导的经验总结。本章没有空洞的理论,也没有长篇的说教,只有容易理解、操作简单、十分可靠、拿来就用的具体方法和建议。

10.1 撰写毕业论文的意义

研究生毕业论文是研究生完成学业的标志性答卷,是对研究生进行科学研究基本功的训练,是研究生从事科学研究的最初尝试,是衡量研究生综合水平的重要标准。外语专业研究生毕业论文是高校外语专业研究生必须独立完成的作业,是高校教学过程中必不可少的重要环节,即便学生各门成绩优秀,毕业论文不合格,仍不能拿到相应的学位。毕业论文不同于平时的考试,而是外语学习者在外语教师的指导下,综合运用多种知识,理论联系实际,进行创造性的劳动,主动获得独立分析和解决问题的能力。外语毕业论文属于学术论文的范畴,它是研究生在校期间学习成果的总结。通过撰写毕业论文,可提高学生的外语科研水平,学习和掌握外语写作的基本方法,检验学生运用所学知识来分析和解决某一个问题的水平和能力。

10.2 毕业论文的类型

按照研究目的分类,毕业论文可以分为基础研究论文和应用研究论文:(1)基础研究论文:间接为实际服务。"认识自然现象,揭示自然规律,获取新知识、新原理、新方法的研究活动,对基础科学数据、资料和相关信息系统地进行采集、鉴定、分析、综合等科学研究基础性工作"(百度百科)。(2)应用研究论文:直接为实际服务。"具有特定的实际目的或应用目标,具体表现为:为了确定基础研究成果可能的用途,或是为达到预定的目标探索应采取的新方法(原理性)或新途径"(百度百科)。

按照数据来源分类,毕业论文可以分为文献研究论文和实证研究论文:(1)文献研究论文:图书馆研究(利用别人收集的数据)。"文献研究法主要指搜集、鉴别、整理文献,并通过对文献的研究形成对事实的科学认识的方法。文献法是一种古老而又富有生命力的科学研究方法,文献法的一般过程包括五个基本环节:提出课题或假设、研究设计、搜集文献、整理文献和进行文献综述"(百度百科)。(2)实证研究论文:研究者本人收集的第一手数据,现成的、但别人未研究过或未用相同视角研究过的数据(如语料库)。实证研究论文研究的目的在于认识客观事实,其研究结果具有客观性。

按照论文内容性质和研究方法的不同,毕业论文可以分为实证性论文、理论性论文和分析性论文:(1)实证性论文,主要是通过一个具体的实验方法,得出相关数据,然后对其进行分析讨论,从中发现新的研究成果,最后完成论文的撰写。(2)理论性论文,就某一个语言学理论、二语习得理论、教学理论、课程理论等问题进行探讨,如对某些理论本身或其实际价值提出质疑,或提出改进意见。对研究生来说,理论性论文也不是以纯粹的抽象理论为研究对象,而是以某一种理论为理论研究框架,对客观事物和现象进行分析、综合、归纳等,提出某种新的见解。(3)分析性论文,这类论文一般包括以下几部分:分析的目的、分析设计(包括调查的对象、时间、地点、采样方法、调查工具、数据分析方法与工具等)、分析的结果(包括数据统计的结果)、分析与讨论(对数据进行系统分析并在此基础上对所研究的问题进行必要的讨论)。

按照外语专业方向,还可以分为文学类、语言学类、翻译类等。本章重点讨论语言学方向毕业论文的相关问题。

10.3 撰写论文的步骤

(1) 确定选题

文秋芳等(2004)提出了论文选题的三大原则:有价值(significant)、有新意(original)和可行性(feasible)。在动手写作前,学生首先确定选题,然后根据具体情况选定自己既感兴趣又能发挥自己优势的论文题目。选题并不等于论文题目,选题是指学生在导师指导下确定的论文范围或研究方向,题目是在确定的论文范围或研究方向内根据内容确定的,论文题目可以进行多次修改,定稿前还可以改动,但选题已定,就不能随意变更。从程序上讲是先定选题,后定题目。定题目时,应注意选有价值的、适宜的、学生自己可以完成的题目。论文不可能包罗万象,不能把所学知识全部用上,只能论述学生所学专业的某一方面或大家感到有疑难的某一问题。论文是分析讨论某一个"点",而不是"面"。当然,这个"点"一定是个能够扩展发散的"点",如交通十字口中间的一个"点",这个"点"四通八达,可以根据需要任意扩展。而不是一条死胡同尽头的一个"点",无法扩展和前行。尽管研究生毕业论文仅涉及某一侧面,但却是学生综合能力的综合反映。

新入学的研究生经常问这样一个问题:我的论文选题从哪里来?

选题的来源渠道很多,学生撰写毕业论文选题和题目的来源一般有三种情况:一是导师给学生一个选题;二是学生自己有很感兴趣的选题;三是老师不给学生选题,学生自己也没有选题。

第一种情况是学生先有了"点",然后围绕这个"点"逐级扩展,查找文献,寻找相关"面"与自己研究的这个"点"之间的关系,从而发现自己研究的价值和方法。但这并不能说明老师给了个题目,学生就更容易做,关键要看学生是否勤奋和有无悟性。如果学生真的勤奋,再加上有一定的悟性,可以说学生的论文进展会比较顺利。

第二种情况,学生自己感兴趣的选题不等于都可以写,不等于导师就同意学生写,因为兴趣和撰写论文有时候是不能完全结合的。这里又分两种情况:一是导师同意学生的选题,同意后学生就可以把自己的点逐步扩大。二是导师不同意学生的选题,如果老师不同意,这就和第三种情况一样。

第三种情况,学生应该是先有"面",通过面上大量阅读,在阅读中发现题目,发现自己研究的"点",有了"点"以后,还要将自己的"点"扩大到相应的"面"。

另外,选题还可以从专家报告中找,从参加的培训中找,从和他人的交谈中找,从理论学习和研究中找,从他人的研究成果中找,从高质量论文最后一节"对未来研究的建议"中找,从参加的学术研讨会中找……"处处留心皆学问",一位处处留心的研究生肯定能很快找到自己的选题。

(2)搜集资料

常言道:"巧妇难为无米之炊"(One can't make bricks without straw)。有了论文题目如何写,这就取决于学生看了多少材料。资料的来源,一是自己在实践中获取的,这是直接获取的资料;二是通过阅读和研究来接受前人已经证明了的东西,这是间接获取的资料。资料可分为第一手资料和第二手资料。自己经历和搜集的事实材料或直接从原处找到的理论材料称为第一手资料,从别人那里引用、间接得到的材料称为第二手资料。无论哪一类材料都要经过自己的分析判断,不能盲目照抄。收集的材料要注意"新",参阅本学科新的研究动态、方向和研究成果;材料还要"准",就是选的材料可靠性要强,针对性也要强;材料还要"全",尽量搜集多方信息,资料的涉及面一定要广。

(3)撰写开题报告

在确定选题后,就要根据自己所选材料认真构思论文的开题报告。实际上,在选材料时,学生已进入了构思的基础阶段,边搜集资料,边进行思考。构思成熟后,就要动手撰写论文开题报告。如何撰写开题报告见本章10.6。

(4) 开始写作

论文开题报告通过后,思路贯通,材料具备,要抓住这个时机,开始写作,进入真正的写作过程。写作时,要集中时间,集中精力,提高写作效率,并一定要按开题报告写,因为开题报告是论文已经探明的思路,已经设计好的蓝图,要沿着这条思路往前走,不要左右岔道,写作时要一气呵成,不可采用马拉松式的写作方法,今天写,明天改,时写时断。一定要集中精力,独立完成,严禁他人代写和抄袭,写完后自己反复修改,基本定稿后,再请导师、同行、同学或有关专家进行审阅,提出修改建议。

(5) 修改定稿

毕业论文写好以后,一定要认真修改。因为毕业论文是个非常复杂、逻辑性极强的大工程,不可轻视对待,任何人写论文,都不可能一次完成且十全十美。因此,修改是写好论文很重要的一关。好文章都是改出来的,修改论文也是培养严谨治学态度和良好学风的难得机会,学生一定要不厌其烦地多次修改,直到自己满意为止。

10.4 论文的结构

研究生在论文写作过程中要高度重视论文结构,论文结构合理的重要性就像一个人的外表一样重要,外表美一下子就吸引了人的眼球,在论文盲审和答辩过程中,老师们首先关注的是学生论文的结构是否合理,接下来再看论文的内容,如果结构就不合理,就会影响老师们对论文内容的评价。因为论文结构的合理安排是比较容易做到的,而内容的高水平就比论文的结构要求要困难得多。不同的专业方向,其论文结构也不一样,不可将同一个结构模板用于所有的论文,胡乱套用论文结构是撰写毕业论文的大忌。下面是语言学不同研究方向毕业论文的不同结构,供参考。

(1) 语言学毕业论文结构(A)(建议)

Chapter One　Introduction
1.1　Background of the study
1.2　Significance and purpose of the study
1.3　Research questions and methodology
1.4　Structure of the thesis
Chapter Two　Literature Review
重点分析相关研究(前期已有的研究)
Chapter Three　Theoretical Framework (or Foundation)
重点讨论某一种理论的几个原则,或几个维度,如:Principle of Conversation (Paul Grice)——Cooperative Principle (CP):Four maxims:the maxim of quality, the maxim of quantity, the maxim of relation, the maxim of manner
Chapter Four　Analysis of …(分析具体文本)
运用第三章理论结合具体语料进行对应分析,如:对应"Four maxims"——对照进行分析讨论。
Chapter Five　Conclusion
5.1　Major findings
(回答研究问题,要对应研究问题——进行回答)
5.2　Implications
(一定要结合研究发现或研究结果,——进行分析思考)
5.3　Limitations and suggestions for future study

语言学实证研究毕业论文结构(B)(建议)

Chapter One　Introduction
1.1　Background of the study
1.2　Significance and purpose of the study
1.3　Structure of the thesis
Chapter Two　Literature Review

2.1　Related terms (or Key terms)

2.2　Related theories

2.3　Related studies (or Previous studies)

2.4　Summary

Chapter Three　Methodology

3.1　Research questions

3.2　Subjects (or Participants)

3.3　Instruments

3.4　Procedures (or Data collection procedures or Data collection)

3.5　Data analysis (an option)

Chapter Four　Results and Discussion

Chapter Five　Conclusion

5.1　Major findings

5.2　Implications

5.3　Limitations and suggestions for future study

实证研究类论文结构相对固定,不能自己另起炉灶,那样专家会以为学生不懂什么是实证研究。下面是实证研究类毕业论文的汉语结构,供参考。

第一章　引言(或概论)

第二章　文献综述

2.1　相关术语

2.2　相关理论

2.3　相关研究

2.4　小结

第三章　研究设计

3.1　研究问题

（1）研究问题一定来自论文题目和研究的目的;

（2）一定是疑问句,如:学习策略对学生英语成绩会产生什么样的影响?

3.2 研究对象

Tell "who", "what" and "why"

(1) 研究对象是谁(人),或是什么(语言材料);

(2) 为什么选择了他们或它们?

3.3 研究工具

Tell "what" and "why"

(1) 采用了什么研究工具;

(2) 为什么采用这些工具? 如:questionaire, experimental study, interview, etc.

3.4 研究过程

Describe "how"

(1) 描述研究的步骤;

(2) 描述如何运用研究工具开展研究。

3.5 数据分析

(1) 描述你用什么方法分析数据,如SPSS、定量分析、作者的定性分析等;

(2) 一定不要报告具体分析结果,具体分析在下一章。

第四章 结果与讨论

(注:本章可结合具体研究问题确定具体结构。)

第五章 结论

5.1 主要研究发现

(回答研究问题,要对应研究问题一个一个进行回答)

5.2 研究的启示

(一定要结合研究发现或研究结果一个一个进行分析思考)

5.3 本研究的不足和对未来研究的建议

10.5 正确处理四大关系

在撰写实证研究论文的时候,要特别关注以下四大逻辑关系,离开了这四大关系中的任何一个,都不是一篇合格的论文。

(1) 论文题目和研究问题的关系

有些学生在决定论文研究问题的时候,不考虑论文的题目,于是就陷入了研究的问题和论文题目没有什么关系的困境。因此,学生在决定研究问题的时候,首先考虑的是论文的题目,论文的研究问题一定要来自论文的题目,绝不能出现文不对题的现象。

(2) 研究工具和研究问题的关系

有些学生在决定采用什么方法或工具开展研究的时候,根本不考虑研究的问题,结果辛辛苦苦做了大半天,最后的结果和研究问题没有任何联系,即没法回答研究的问题,根本原因是研究工具(或方法)用错了。因此,学生在思考使用任何一种研究工具(或方法)的时候,首先想到的是采用了这种方法是否可以回答研究的问题,如果不能回答研究的问题,就要改变研究工具或方法。

(3) 研究结果和研究问题的关系

有些学生忙忙碌碌把实验做完了,数据也进行了认真分析,但是在撰写研究结果的时候,就凭自己感觉和平时积累的经验随心所欲地进行总结,这样总结出来的研究结果是没有什么价值的,因为这些总结不用通过学生的研究照样可以写出来。如果不用研究就可以写出研究结果的话,学生的研究不是白做了吗?其实,学生在总结研究结果的时候,首先应该想到研究问题,因为研究结果就是对研究问题的回答,即研究问题的答案。因此,在总结研究结果的时候,要一一对应研究的问题,有两个研究问题,就应该有两个研究结果,并放在两段文字里;有三个研究问题,就应该有三个研究结果……万不可随意总结。

(4) 研究结果和研究启示的关系

不少学生在撰写研究启示的时候,完全根据自己已有的知识和经验进行非常随意和泛泛的写作,这些所谓的研究启示与他们的研究几乎没有任何联系,因为这些研究启示在他们不做任何研究的情况下同样可以写出来,这是完全没有任何意义的研究启示。因此,学生在撰写研究启示的时候,一定要结合自己的研究结果,严格认真地分析自己的研究结果对外语教学和学习有什么样的启示,有几条研究结果,就应该有几条教学启示,既不能多,也不能少,要严格一一对应研究结果撰写。在撰写研究启示的时候,第一句话应该是:"基于本研究发现,我们提出以下几点研究启示……",如果有这样的句子作为限制,研究启示部分就不会跑题。

10.6 如何撰写开题报告

撰写开题报告(Demystifying Thesis Proposal)是研究生完成毕业论文必不可少的环节,如果开题报告做得不好,后面的写作很难正常进行。开题报告指开题者对科研课题的一种文字说明材料,它是由学生把自己所选课题的概况向有关专家进行陈述,然后由老师们对其进行评议,并提出问题,特别是提出修改建议。

开题报告的内容包括:研究的背景、意义和目的,国内外研究现状,相关理论,研究问题,研究内容,研究方法,论文章节提纲,论文计划进度,参考文献等。

目前开题报告存在的问题:对学术论文的学术要求认识不足:应付、空洞、编造、选题太广、选题太狭窄……

下面是苏州大学硕士研究生学位论文开题报告的模板。

(1)英语模板

MA Thesis Proposal
(For MA Candidates in Applied Linguistics)
Cover of thesis
Part 1　Introduction
  · Background and need for the study
  —What (problem/area of study)
  —Why (need of this study—personal, practical and theoretical importance)
  · Purpose of the study and research questions
  —How (how to do this study, on whom and where, for how long; what is expected)

Part 2　Literature Review
　　· Key bodies of theories and their relevance to this study
　—What major theories/models to apply in this study and why/the relevance
　　· Key relevant studies
　—What has been done before and their relevance to this study
　　· Conceptual framework for this study
　—What major categories of data to collect and why

Part 3　Methodology
　　· The setting
　—Where: the setting, course/project design and implementation description
　　· The participants
　—Who: study sample or participants background info
　—Why: setting/participants selection criteria and reasoning
　　· Data collection (methods, steps, tools)
　—What types of information needed & sources of data for answering RQs
　—How to get: survey/questionnaire, interview, observation notes, learner products
　—Why: rational for methods/tool choice, cite literature for support
　　· Data processing and analysis
　—How to deal with data (statistical: e.g., SPSS entry or descriptive percentages; qualitative/textual: create categorized texts)
　—How to analyze data (e.g., run SPSS analysis; or reading qualitative data for codes (info), patterns (knowledge), themes (meaning) based on the conceptual framework
　—How to present the results/findings: tables, figures, matrices

Part 4　Chapter Outline

- An outline is a useful framework that assists in the organization and writing of the thesis. Preparing an outline may help you reevaluate the materials and decide which pieces of information are relevant to the thesis statement and discover the connections between the pieces.
- There are different types of outlines. You are advised to use a topic outline in which every heading is a noun phrase, or its equivalent (e.g., a gerund phrase), or an infinitive phrase.
- You must keep all headings brief and clearly related to your thesis statement.

Part 5　Schedule for the Study

——A table specifying phases of your study in relation to the research activities and dates of completion.

Part 6　References (including appendixes if you have)

(2) 汉语模板

开题报告

（应用语言学方向）

论文题目

第一部分　引言

本部分应包括以下内容：

研究的背景：问题领域及现状

研究的必要性（在理论、实践或教学等方面的价值）或研究的意义、研究的目的。

第二部分　文献综述

本部分应包括以下内容：

关键概念、主要理论及与此研究的相关性（观点、视角等）

现有主要相关研究及与此研究的相关性（思路、方法、框架等）、研究概念与框架描述（指导本研究的数据收集与分析）

第三部分　研究方法

简单说明学生的实验采用的是什么方法,又是如何做的(或准备如何做)。

本章应包括以下内容:

(1) 研究的问题

(2) 研究对象(研究对象的背景信息、样本选择标准及依据)

(3) 数据收集(解释方法、步骤、工具等,及其选择、操作依据)

(4) 数据处理和分析(如何对数据进行整理、描述和推断等)

第四部分 论文提纲

第1章 概论

第2章 文献综述

第3章 研究设计

第4章 结果与讨论

第5章 结论

第五部分 进度安排

说明:列出具体的时间表,详述研究的各个阶段,包括各项研究任务以及完成时间。

第六部分:参考文献(如有附录,包含附录)说明:

列出所参考的文献的出处,包括第一手资料和第二手资料。参考文献应符合格式规范。

下面是苏州大学博士研究生学位论文开题报告模板。

第一部分 研究概述

1.1 研究背景

1.2 研究的意义

1.3 研究的目的

第二部分 文献综述

2.1 相关术语

2.2 国外相关研究

2.3 国内相关研究

第三部分 理论依据

第四部分 研究方法
4.1 研究问题
4.2 研究对象
4.3 研究工具
第五部分 论文章节提纲
第六部分 计划进度
第七部分 参考文献

10.7 如何撰写文献综述

苏州大学博士生导师苏晓军教授2011年给青年教师和研究生做了一场非常精彩的报告,使大家受益匪浅,受到师生的一致好评。苏晓军(2011)认为,文献综述是关于在特定研究领域已做研究的考察,文献综述是关于被普遍认可的学者或研究者就某一话题已经发表的成果的陈述,文献综述有助于扩充关于当前研究课题的知识。"A research literature review is a systematic, explicit, and reproducible method for identifying, evaluating and synthesizing the existing body of completed and recorded work produced by researchers, scholars and practitioners" (Fink, 2005)。

10.7.1 撰写文献综述的目的

(1)梳理、扼要呈现已有相关知识;(2)确定本研究试图探讨的相关研究中的"空白"("问题意识";不是什么"空白"都值得填补),在前人研究的语境(如对某一问题的研究现状、争议等)中定位自己的研究,为自己的研究开辟一个"研究空间";(3)根据自己为当前研究所确定的概念或思路,评估和综合现有研究成果;(4)为当前研究提供合理性或必要性说明,为自己的研究寻找"评价参照"(苏晓军,2011)。

10.7.2 撰写文献综述的要求

在谈到撰写文献综述的要求时,苏晓军(2011)提出了以下十分中肯的建议,可以说是高屋建瓴。

文献综述需要确定本研究的论题;

文献综述必须明确文献中存在争议的地方(如果存在这样的争议的话);

文献综述必须寻找、形成需要加以进一步研究的问题;

文献综述必须基于某个指导性概念(如研究目的、拟讨论的问题或议题或论点);

文献综述必须围绕本研究确立的论题或研究问题来组织,而且必须与之直接有关;

文献综述必须将前人研究成果综合,总结出什么是已知的,什么是未知的;

在做文献综述时,需要告诉读者关于相关课题已经存在什么知识或思想,它们的合理性及不足是什么;

文献综述不是描述已有资料的清单或一些简单总结(review + summary);

文献综述不是罗列文献的清单。不能让每个段落用某个研究者的名字开头。要按照话题及理论来组织。需要根据自己的论点或研究问题综合评价现有文献。

苏晓军(2011)还总结了文献综述的几种常见组织方式:(1)按时间顺序;(2)按经典研究顺序;(3)按话题或主题顺序;(4)按倒金字塔顺序。学生们可以根据自己的需要选择某一种方式撰写文献综述。

10.7.3 文献综述的结构和内容

"文献综述"也可以称为"文献回顾"或"研究背景"。文献综述的结构一般包括相关术语、相关理论、相关研究和小结四个部分。

撰写文献综述内容要求作者一定要牢记两个"三",如果做到了这两个"三",文献综述部分可以说就达到了合格的水平。

1)第一个"三"(三个字):"旧""新""全"

(1)旧——追根求源,强调创始的重要性

一篇论文无论写什么内容,作者都必须尽最大努力,把国内外最早的相关研究查出来,是谁最先研究了相关的问题,最早的相关研究成果有哪些,是谁最先提出了相关的术语。如研究心理词汇,就要查找相关材料,是谁最早研究了心理词汇,又有哪些最早的相关研究成果。当然,谁是最早的相关研究者?哪些是最早的相关研究成果?这不是由学生自己决定的,而是由权威专家研究出来并在权威材料上发表的。例如,研究心理词汇,就要查找国内外所有相关材料,找出是谁最早提出和研究了心理词汇,查找结果在世界上第一份以心理词汇命名的期刊 *The Mental Lexicon* 2006 年创刊号上显示:德国心理学家 Hermann Ebbinghaus 是全世界最早采用实证研究方法研究记忆的专家,Ebbinghaus 于 1885 年在文字记忆研究中首次使用无意义词汇,他指出了当时心理词汇研究的两个问题:①心理过程的反复无常不能确保稳定的实验条件;②心理过程无法测量和计算(1885/1913,第 9 节,载 Whitaker,2006)。

(2)新——最新成果,强调发展的重要性

在撰写文献综述的时候,必须了解本领域的最新研究成果,有些论文在文献综述里没有近一年或两年的相关研究成果,说明学生没有认真查阅相关的文献。如果不了解本领域最新研究成果,怎么能证明本篇论文的研究价值和研究意义呢?因此,必须查阅与论文题目密切相关的最新研究成果。这里我们可以说,在撰写文献综述的时候,我们要做到"喜新恋旧"。

(3)全——翻江倒海,强调覆盖面的重要性

前面说了,文献回顾首先要分析讨论最早和最新的相关研究成果,如果有了最早和最新的相关研究成果,还不能说文献综述就是合格的,合格的文献综述还应该包括本领域在最早研究的基础上有了哪些发展变化,最后达到了最新的研究成果阶段。这就要求作者要全面查阅相关文献,仅仅是某一个或某几个阶段都不行,查阅文献一定要做到天上地下,国内国外,无所不及。

2)第二个"三"(三个圆):"外圆""中圆""内圆"

第十章　如何撰写高质量的毕业论文　‖　189

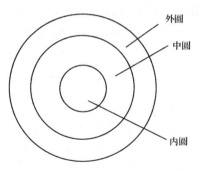

文献综述的"相关研究"（或前期研究）部分一般包括三部分内容,有的可能涉及更多的内容,这三个部分包括远相关研究——外圆、近相关研究——中圆、最相关研究——内圆,如果能把这三个圆的内容写全了,这部分内容才算达到了合格的水平。

如何判断这三个圆的内容呢？这三个圆的确定一定要根据论文的题目划分圆的类别。例如,一篇论文的题目是"英语专业硕士研究生毕业论文语言错误分析研究",下面结合该题目分别讨论本篇论文三个圆的内容。

本篇论文的外圆部分主要回顾、总结和分析国内外语言错误的相关研究,即对已有的关于语言错误的研究进行总结、分析和讨论,同时包括第一语言错误分析、第二语言错误分析、第三语言错误分析等。

本篇论文的中圆部分主要回顾、总结和分析国内外"不同人群"的"论文"或"作文"语言错误分析。这里的"不同人群"指所有群体。如本科生、中学生、博士生、老师、英语本族语者、外语学习者或其他群体。这里的"论文"指所有类型的论文,如课程论文、应用论文等。这里的"作文"指各类作文,如期末考试卷里的作文,四、六级考试试卷里的作文,英语专业四、八级试卷里的作文等。

本篇论文的内圆部分主要回顾、总结和分析国内外与本篇论文完全一样的相关研究。从目前的大部分毕业论文来看,学生的文献综述部分缺少这一部分内容,其原因有二:一是学生参考了一篇和自己论文一样的论文,由于抄袭的太多,怕被发现,干脆就不提这篇重要的论文;二是看文献太少,没有发现最相关文献。当然,也有另外一种情况,学生确实查阅了大量的国内外相关文献,的确没有发现和自己论文一样的文献,如果是这种情况,说明真实情况即可。

　　文献综述的最后一节"小结"部分包括两部分内容。第一部分是对前期相关研究的总结评述,指出前期研究的成绩与不足或存在的问题或研究的缺陷,注意在撰写前期研究不足的时候一定要和自己的研究联系在一起。第二部分说明由于前期研究存在缺陷和不足,本研究就设法弥补这个不足,这样就显示出了自己研究的重要性和意义。这里提醒同学们,文科学生要避免说下面的话:目前国内外还没有这样的研究,因此我填补了一项空白。学生没有发现和自己研究一样的题目,并不等于国内外就没有这样的研究,因为学生看到的文献还是很有限的。为了研究的严谨性,学生可以说:从我目前搜集到的所有材料来看,还没有(或很少有)和本研究类似的研究。

10.8　运用科学的研究方法

　　文秋芳等(2004)认为,按研究目的分类,研究类型包括基础理论研究和应用性研究,按数据来源分类,研究类型包括文献研究和实证研究。本节重点讨论实证研究方法。

　　实证主义强调知识必须建立在观察和实验的经验事实上,通过经验观察的数据和实验研究的手段来揭示一般结论,根据以上原则,实证性研究方法可以概括为通过对研究对象大量的观察、实验和调查,获取客观材料,从个别到一般,归纳出事物的本质属性和发展规律的一种研究方法(百度百科)。Wikipedia 给实证研究的定义是:"Empirical research is a way of gaining knowledge by means of direct and indirect observation or experience. Empirical evidence (the record of one's direct observation or experience) can be analyzed quantitatively or qualitatively."

　　研究生毕业论文的质量在很大程度上取决于学生采用的研究方法是否科学合理,如果研究方法用错了,论文的质量肯定出问题。可以说一篇优秀的毕业论文一定采用了十分科学的研究方法,因此可以说研究方法是一篇毕业论文的灵魂。

10.8.1 定量研究与定性研究的区别

2012年苏州大学外国语学院王宇博士给青年教师和研究生做了一场十分精彩的报告,受到大家一致好评,使外语学院的师生们全面、系统地了解了实证研究最基本的研究方法。老师和同学们都从中受益匪浅。她讲的题目是"如何做好实证研究",其中谈到了定量研究和定性研究的区别(见表10.1)。

表10.1 定量研究与定性研究的区别

	定量研究	定性研究
目标	检验确定的变量;验证假设	确定变量;产生假设
问题	数据收集前是明确的	在研究过程中逐步具体化
样本	大样本	小样本
数据收集	程序固定	程序灵活、动态
数据分析	定量的统计分析	定性分析为主,也可用统计分析
结果	有广泛的应用性	缺乏广泛的应用性
数据形式	数字——定量数据(quantitative data)	文字——定性数据(qualitative data)
数据分析的方法	统计方法(百分比、平均值、T值、相关系数)——定量分析(quantitative analysis)	描述方法——定性分析(qualitative analysis)
优点	适用于大范围的研究 数据收集容易 数据分析简单明了 结论的应用性强(generalizable)	能揭示复杂性 研究问题设计简单 考察的维度多 体现个体差异 数据详细 内容有深度
缺点	问卷(测试)题难设计 忽略个体差异 不适用于过程研究 结论过于简单化	数据收集耗时费力 数据分析困难 结论的应用性不强(ungeneralizable)

根据文秋芳等(2004:64)和王宇(2012)整理

在谈到评判研究质量的标准"效度和信度"的时候,王宇老师做了以下总结:效度是指研究结果及解释的正确性。一个有效度的研究程序,不仅能够明确地回答研究的问题和解释研究结果,而且能够保证研究结果在一定规模的领域中推广。信度指研究结果所显示的一致性、稳定性程度。一个具有信度的研究程序,不论其过程是由谁操作,或进行多少次同样的操作,其结果总是非常一致的。信度对于效度是必要条件,但不是充分条件。有信度不保证一定有效度(一个可靠的研究程序并不证明内容一定有效),而一个有效度的研究一定是一个有信度的研究。在研究设计时,先保证效度,效度高信度必定就高(王宇,2012;Mackay & Gass, 2012; Duff, 2008)。

10.8.2 实证研究的类型

实证研究(empirical study)不同于实验研究(experimental study),实证研究包括实验研究,实验研究是实证研究的重要方法之一。实证研究主要包括以下几大类型:

(1)问卷调查(定量);
(2)实验研究(定量);
(3)个案研究(叙事研究、行动研究)(定性);
(4)语料库研究(定量)。

定量研究包括问卷、实验、测试等;定性研究包括访谈、边说边想(think-aloud)、观察、日志、开放性问题的问卷、内省法(introspection)、文本分析等。

调查研究(survey study)或问卷调查(questionnaire),用于研究变量的特点或变量之间的关系,调查的工具就是问卷。问卷的设计是非常重要的关键要素,建议(1):可以借用国内外专家已经做好的现成问卷,根据自己的研究做适当的修改,以保证问卷的可信度。建议(2):看几本相关的书。如:秦晓晴(2009)的《外语教学问卷调查法》等。

实验研究最基本的要求是对比试验,即一定要有试验组和对照组,本实验研究用于确认变量间的因果关系(what effect)。要想做好实证研究,首先要看几本相关的书。如:文秋芳等(2004)的《应用语言学研究方法与论文写作》(汉语版)等。

个案研究（case study）任何一个现象都可以称作个案（case）。个案可以是一位外语学习者、一位外语教师、一个班、一所学校、一个课程安排、一种教学方法……个案研究的目的不是为了验证理论，或将研究结果推广到更大的范围，其目的是服务于个案或问题（issue）本身，更好地理解或完善个案或问题，并对其他类似个案提供借鉴。个案研究关注的是 why 和 how，如：Why are some students better motivated than others in an L2 class? How do EFL teachers ask questions in class? 建议同学们看几本相关的书。如：王蔷（2002）的《英语教师行动研究：从理论到实践》等。

语料库研究（corpus study）指经科学取样和加工的电子文本库。借助计算机分析工具，研究者可开展相关的语言理论及应用研究。通俗来讲，语料库就是研究语言的仓库。自己可以建与自己研究有关的语料库，可大可小。语料库中存放的是在语言的实际使用中真实出现过的语言材料，语料库是以电子计算机为载体承载语言知识的基础资源，真实语料需要经过加工（分析和处理），才能成为有用的资源。

10.8.3 运用科学的数据分析软件——SPSS

SPSS（Statistical Product and Service Solutions）（统计产品与服务解决方案）软件是 2000 年修改后的正式英文全称，最初的英语软件全称是 SPSS（Statistical Package for the Social Sciences）（社会科学统计软件包）。SPSS 是目前外语界广泛使用的定量分析科学软件，作为应用语言学研究方向的研究生和外语教师如果不会使用 SPSS，就无法将通过定量研究方法得出的数据进行科学的分析。目前，仍然按照传统的统计方法对大量数据进行分析已经是真正的 out 了，因为，有些传统的分析结果已经无法说明想要研究的问题。因此，研究生和外语老师们一定要学会运用科学的数据分析软件 SPSS。目前还不会使用 SPSS 的研究生，建议看几本相关的书：（1）秦晓晴（2003）的《外语教学研究中的定量数据分析》；（2）鲍贵（2011）的《二语习得研究中的常用软件方法》；（3）许宏晨（2013）的《第二语言研究中的统计案例分析》等。这些 SPSS 的入门书,就像傻瓜相机一样,我们不懂相机的原理,但我们拿起来就可以用。研究生只要有了这些书,买一个或找一个SPSS软件,按照书里的要求和提示,将数据输入软件,根据提示一步一步做,很快就可以学会。

10.9 外语毕业论文的致谢、开头、结尾和摘要

致谢是作者对论文写作做出贡献的所有人的尊重和感谢,是作者发自内心的真诚的表达,绝不单纯是为了完成一项任务。一定要用心去写,要感概,要思考,要感恩。

论文的开头对全篇论文起着重要的作用,好的开头可以一下子抓住读者,使他们急于阅读后边的内容。因此,开头一定要开门见山,一针见血,引人入胜。

论文的结尾和开头同等重要,它是论文的落脚点,一定得写好,使读者感到文止而言尽。毕业论文的结尾可以是总结全文,点明主题,照应开头,首尾结合;也可以是展望未来,抒发感情;还可以对某一问题提出自己的建议等。有的论文开头好,中间妙,结尾差,给人留下一个非常遗憾的感觉。外语优秀毕业论文应该是凤头、豹尾、象肚子。

论文摘要是论文内容的简要陈述,是一篇完整的、可以独立使用的短文。摘要一般应包括三部分内容:(1)研究的目的(可以在研究目的前适当加点研究的意义,然后由研究的意义引出研究的目的);(2)研究的问题、研究的对象、研究采用的手段和方法;(3)研究的结果或研究发现,本部分可以写得稍长一点。摘要里不要写论文的结构。中英文摘要均不得包含任何公式、表格或示意图,不得包含非公知公用而又未加解释的缩略语、字符、代号。摘要里尽量不要引用他人的话,一般不要把被引用材料的作者加时间写在摘要里。摘要不另加注释。最后,加上关键词。关键词不是自己想出来的,一定是来自论文的题目。总之,毕业论文的内容必须完整、具体、使人一目了然,结构严谨,表达简明,语意确切。下面是一个研究生毕业论文摘要的范例。

论文摘要

  论文的原创性是评价一篇硕士论文好坏的一项重要指标。抄袭研究在世界范围内引起广泛关注,如何减少抄袭成为研究热点。然而,近年来抄袭现象越来越严重,因此,对国内研究生论文的抄袭情况进行研究有着重要意义。前人的研究一方面揭示了一直以来都存在着的抄袭现象;另一方面发现抄袭涉及的人群范围较广,无论是初中生还是研究生中都不难发现抄袭的例子。但是这些先前的研究大多数关注的是本科生的抄袭情况,而且这些研究大多是在英语为母语的国家进行的。

  本研究所选择的文本是500篇英语专业研究生的硕士毕业论文。本研究采用定量的实验方法,对相应数据用一款在线抄袭检测工具Turnitin进行检测并分析数据。根据国内不同学校对抄袭程度分类的规定,本文将不同抄袭程度分为四个类别:0~20%为"合理复制",21%~30%为"轻度抄袭",31%~50%为"中度抄袭",51%以上为"严重抄袭"。最后,对30名已经毕业的英语专业研究生进行调查,以了解抄袭现象背后的原因。本研究提出了以下三个研究问题:

1. 英语专业研究生毕业论文的抄袭程度如何?
2. 不同群体中学生的抄袭情况有何异同?
  (1) 不同年度毕业的学生抄袭情况有何异同?
  (2) 不同学校类型的学生抄袭情况有何异同?
  (3) 不同专业研究方向的学生抄袭情况有何异同?
3. 英语专业研究生毕业论文中抄袭的原因是什么?

  本研究主要有如下发现:

  从整体的抄袭情况来看,首先,55.4%的被检测文章都存在不同程度的非合理抄袭,其中1.2%的文章被认定为"严重抄袭"。其次,从所抄袭的文章来源来看,来自网络的抄袭情况在三种抄袭来源中占首位。

  从不同群体的抄袭情况来看,有以下几个特点。第一,通过这三年的数据来看,英语专业研究生硕士毕业论文中"合理复制"的比例逐年上升,而其他抄袭的比例逐年下降,但是变化并不显著,并且这三年中来自网络的抄袭来源一直居于首位。第二,不同学校类型的抄袭情况差异并不明显,但是从抄袭的来源来看,"985工程"院校所借鉴的出版物来源较多,而其他类型的学校所借鉴的网络来源和学生论文来源较多。第三,在不同专业方向的学生中,根据Turnitin检测出的数据来看,翻译研究方向的文本抄袭情况最不严重。

根据收回的30份问卷,学生普遍认为导致抄袭的最主要的几个原因是:对抄袭的认识不够、写作时间不足、对自己二语写作水平信心不足、参考文献资源缺乏。

本文的研究发现对实际英语教学的启示如下:首先,在学术写作课程中应加强对"抄袭"这一问题的意识和重视。其次,从抄袭的来源来看,一方面要为学生提供更多的出版物资源;另一方面要有效指导学生对网络资源的利用。最后,减少学生抄袭的前提是要提高学生二语写作水平。

关键词:研究生;学术写作;抄袭;语料库

10.10 用心撰写毕业论文

研究生毕业论文目前存在着诸多问题,例如,缺乏基本的论文写作知识和技巧,抄袭严重,语言错误多,选题任意性大,不懂研究方法,文章内容浮浅,逻辑混乱,格式随意性大,结构混乱,四不对应(研究问题、研究方法、研究结果和研究的启示)……面对这么多问题,研究生应该如何办?研究生一定要用心撰写毕业论文,不能三心二意,敷衍了事,或存侥幸心理。这里给研究生提几点建议,供参考。

(1)严禁抄袭

前面已经讲过,抄袭是目前全世界的顽疾,也是人们几乎无法避免的毒瘤,其存在的范围之广和延续的时间之长是人们难以想象的。论文抄袭不仅仅是学术本身问题,也是学术道德问题,研究生一定要把好毕业论文的第一个关:绝不抄袭。

（2）减少语言错误

不少外界人认为,研究生已经是高素质的人才了,学了那么长时间英语,少则10年,多则更长,写篇英语论文应该没有多大问题了,不会有什么语言错误了。而现实到底如何呢？研究生导师们最清楚,研究生毕业论文的语言错误到底严重到什么程度,导师和学生都心知肚明。因此,研究生在撰写毕业论文的时候,一定要设法把好这第二道关:减少语言错误,争取写出漂亮的外语毕业论文。

（3）大量阅读

一篇论文质量的好坏,在很大程度上取决于作者看了多少相关杂志,读了多少相关的专著,"巧妇难为无米之炊",学生不仅仅要知道这是句格言,还要理解其道理,更重要的是落实在行动上。记住:读书,读书,再读书。这是撰写合格论文的根基。中国科学院院士胡海岩（2015）指出,"读书是人们跨越时空的思想交流,体现的是人与人之间的关系。读书是与久远的哲人先贤、今日的博学名师相聚；读书使知识更深层次渗透到精神领域,净化心灵、修身养性；读书是一个理性思考的过程,是对世界的认识和理解,更是对人生的感悟和思考。"对于研究生来说,不读书,或少读书,不仅意味着研究生对胡海岩院士所讲的读书目的的一知半解,还意味着放荡自己、荒废青春、放弃学业。

（4）多看往届"高质量"的毕业论文

我经常问学生一个问题:"人这一辈子在世界上有很多很多自己不会的东西,当你想去学习自己不会的东西时,你要做的第一件事是什么？"聪明学生的回答是"学习,模仿"。写毕业论文不知道如何写的时候,为什么不先去看看现成的论文呢？有些学生的论文写得一塌糊涂,老师问他/她:"你看过别人写好的论文没有？"回答:"没有。"从不看往届的论文,怎么能写好自己的论文？那是不可能的。特别提醒的是,这里为什么给"高质量"三个字加了引号？主要提醒研究生们,在参阅毕业论文的时候,一定要看优秀的毕业论文,因为有些毕业论文本身就不合格,是蒙混过关的论文,不能也不值得参考,更不能模仿。

(5) 论文格式和质量同等重要

一篇优秀的毕业论文一定具备两个条件:一是格式规范,结构合理,充分体现外表美;二是论证充分,观点正确,有独到见解,保证论文的质量,以质量为本,体现了心灵美。一篇论文的格式和内容同等重要。一篇论文到了一位老师的手里,老师们首先看的是论文的题目、格式和结构,如果这几个部分很差,肯定影响对论文内容的判断,因为论文格式和结构与论文内容相比更容易做好,容易做好的学生没有做好,更难的内容一定会打折扣。因此,学生写论文,第一步一定要把格式和结构做好,第二步在内容上狠下功夫,最后做到"外表美"和"心灵美"的统一。

(6) 重视论文的校对

有些学生的论文从结构、语言到内容都不错,但就是有一些低级的错误,因此,论文的多次校对是撰写论文不可或缺的重要环节。这里给同学们提几条建议:①一定要在打印稿上校对,有些学生喜欢在电脑上校对,这是很不科学的校对方法,可以说,在打印稿上校对效果要比在电脑上的校对效果好几倍。②让同学们帮你校对,但要记住,不要把一整篇论文让一位学生帮你校对,大家都很忙,那样校对的效果会很差,一定要把一篇论文分成几个部分,每人一章,同学们会认真地帮你校对。

(7) 充分利用导师的资源

研究生毕业论文的完成肯定离不开导师的指导,从选题到交稿,没有导师的精心指导,学生不可能完成自己的毕业论文。刘姗和胡仁东(2015)把导师和研究生的关系分为四种类型后认为,"导师与研究生之间的关系是研究生教育中最核心的关系,是导生在相互交往中产生的心理上的联系,它反映了导生心理上的距离及两者相互影响、相互作用的具体状态。"从研究生确定导师那一天开始,学生就要充分利用好导师这个庞大的、用之不竭的资源。既然选了他/她作为自己的导师,就要恭恭敬敬地学,老老实实地学,经常不断地向老师们请教问题,服从安排,听从指挥,按照导师的统一安排,尽快步入学习的轨道。如果不按照导师的安排,不在导师规划的轨道上行驶，我行我素，偏离航道，后果可想而知。因为，研究生不同于本科生，研究生离开了导师，自己如何发展？如何完成自己的学业？谁来指导你顺利完成你的毕业论文？因此，只有在导师的认真指导和精心安排下，学生才能步入正确的航道，沿着正确的方向，步步为营，奔驰向前，最后顺利到达目的地。

参 考 文 献

Akarsu, O. (2011). Error analysis in oral production of Turkish learners of English. *Journal of Graduate School of Social Sciences*, 15 (1), 235 – 286.

Anderson, M. S. & Steneck, N. H. (2011). The problem of plagiarism. *Urologic Oncology*, 29(1), 90 – 94.

Australian Concise Oxford Dictionary. (1997) (3rd Ed.). Sydney: Oxford University Press.

Bakhtin, M. M. (1986). *Speech Genres and Other Late Essays*. Austin: University of Texas Press.

Biber, D. et al. (2000). *Corpus Linguistics*. Beijing: Language Teaching and Research Press.

Bickerton, O. (1981). *Roots of Language*. Ann Arbor, MI: Karoma.

Bloch, J. (2001). Plagiarism and the ESL student: From printed to electronic texts. In D. Belcher and A. Hirvela (eds.), *Linking Literacies: Perspectives on L2 Reading-Writing Connections*. Ann Arbor: University of Michigan Press.

Borg, E. (2009). Local plagiarisms. *Assessment and Evaluation in Higher Education*, 34, 415 – 426.

Butako, S. & Scherbinin, V. (2009). The toolbox for local and global plagiarism detection. *Computers and Education*, 52, 781 – 788.

Chandrasegaran, A. (2000). Cultures in contact in academic writing: Students' perceptions of plagiarism. *Asian Journal of English Language Teaching*, 10, 91 – 113.

Chandrasoma, R. et al. (2004). Beyond plagiarism: Transgressive and nontransgressive intertextuality. *Journal of Language, Identity, and Education*, 33, 171–193.

Collins Dictionary of the English Language(2nd Ed.). (1992). London: Collins.

Concise Oxford Dictionary. (1999). Oxford: Oxford University Press.

Connors, R. J. & Lunsford, A. (1988). Frequency of formal errors in current college writing. *College Composition and Communication*, 39 (4), 395–409.

Corder, S. P. (1967). The significance of learners' errors. *International Review of Applied Linguistics*, 5, (4), 161–170.

Corder, S. P. (1971). Idiosyncratic errors and error analysis. *International Review of Applied Linguistics*, 9 (2), 147–160.

Corder, S. P. (1973). The elicitation of interlanguage. In J. Svartvik, Errata (ed.), *Papers in Error Analysis*. Lund: CWK Gleerup.

Corder, S. P. (1974). Error analysis. In J. P. B. Allen and S. Pit Corder (eds.), *Techniques in Applied Linguistics*. London: Oxford University Press.

Corder, S. P. (1981). *Error Analysis: Interlanguage*. Oxford: Oxford University Press.

Corder, S. P. (1983). A role for the mother tongue. In S. Gass and L. Selinker (eds.), *Language Transfer in Language Learning*. Rowley, MA: Newbury House.

Coulthard, M. (2004). Author identification, idiolect, and linguistic uniqueness. *Applied Linguistics*, 25, 431–447.

CUHK. http://www.whk.edu.hk/policy/academichonesly/pol.htm.

Culwin, F. and Lancaster, T. (2001). Plagiarism issue for higher education. *Vine*, 31(2), 36–41.

Currie, P. (1998). Staying out of trouble: Apparent plagiarism and academic survival. *Journal of Second Language Writing*, 7, 1–18.

Cziko, G. A. (1986). Testing the language bioprogram hypothesis: A review of Children's acquisition of articles. *Language*, 62, 878 – 898.

Dagneaux, E. et al. (1998). Computer-aided error analysis. *System*, (26), 163 – 174.

Deckert, G. D. (1993). Perspectives on plagiarism from ESL students in Hong Kong. *Journal of Second Language Writing*, 2, 131 – 148.

Deng, X. et al. (2010). Academic writing development of ESL/EFL graduate students in NUS. In Richards, J. C. (ed.), *Reflections on English Language Teaching*. Centre for English Language Communication National University of Singapore, 51 – 59.

Deng, Y. L. (2013). A study on the plagiarism of English majors in their MA theses. Unpublished MA thesis, Soochow University.

Donahue, S. (2001). Formal errors: Mainstream and ESL students. Presented at the 2001 Conference of the Two-Year College Association (TYCA).

Doolan, S. M. (2014). Comparing language use in the writing of developmental generation 1.5, L1, and L2 tertiary students. *Written Communication*, 31(2), 215 – 247.

Dordoy, A. (2002). Cheating and plagiarism: staff and students perceptions of academic dishonesty in chemistry classroom laboratory. *Journal of Research in Science Teaching*, 41(1), 47 – 64.

Duff, P. (2008). *Case Study Research in Applied Linguistics*. New York: Lawrence Erlbaum Associates.

Dulay, H. et al. (1982). *Language Two*. New York: Oxford University Press.

Ellery, K. (2008). Undergraduate plagiarism: A pedagogical perspective. *Assessment and Evaluation in Higher Education*, 33 (5), 507 – 516.

Ellis, R. (1997). *Second Language Acquisition*. Oxford: Oxford University Press.

Ellis, N. & Schmidt, R. (1997). Morphology and longer-distance dependencies: Laboratory research illuminating the A in SLA.

Studies in Second Language Acquisition, 19, 145 – 171.

Ellis, R. (1994, 2013). *The Study of Second Language Acquisition* (2nd Ed.). Shanghai: Shanghai Foreign Language Education Press.

Ellis, R. (1985). *Understanding Second Language Acquisition*. Oxford: Oxford University Press.

Esra Eret, T. G. (2010). Plagiarism in Higher Education: A case study with prospective academicians. *Procedia—Social and Behavioral Sciences*, (2), 3303 – 3307.

Evering, L. C. & Moorman, G. (2012). Rethinking plagiarism in the digital age. *Journal of Adolescent and Adult Literacy*, 56(1), 35 – 44.

Fairclough, N. (1992). *Discourse and Social Chang*. Cambridge: Polity Press.

Ferris, D. (1999). The case for grammar correction in L2 writing classes: A response to Truscott. *Journal of Second Language Writing*, (8), 1 – 10.

Fink, A. (2005). *Conducting Research Literature Reviews: From the Internet to Paper* (2nd Ed.). Thousand Oaks, CA: Sage.

Flowerdew, J. & Li, Y. Y. (2007a). Language re-use among Chinese apprentice scientists writing for publication. *Applied Linguistics*, 3, 440 – 465.

Flowerdew, J. & Li, Y. Y. (2007b). Plagiarism and second language writing in an electronic age. *Annual Review of Applied Linguistics*, 27, 161 – 183.

Foster, R. L. (2011). Plagiarism unveiled. *Journal for Specialists in Pediatric Nursing*, 16, 87 – 88.

Frantzen, D. (1995). The effects of grammar supplementation on written accuracy in an intermediate Spanish content course. *Modern Language Journal*, (79), 329 – 344.

Gass, S. (2013). *Second Language Acquisition: An Introductory Course* (4th Ed.). London: Routledge.

Gressang, J. (2010). *A Frequency and Error Analysis of the Use of*

Determiners, the Relationships between Noun Phrases, and the Structure of Discourse in English Essays by Native English Writers and Native Chinese, Taiwanese, and Korean Learners of English as a Second Language. Iowa: University of Iowa.

Gumming, A. (1989). Writing expertise and second language proficiency. *Language Learning*, (1), 81 – 141.

Harris, R. A. (2001). *The Plagiarism Handbook: Strategies for Preventing, Detecting, and Dealing with Plagiarism.* LA: Pyrczak Publishing.

Hayes, N. & Introna, L. (2005). Cultural values, plagiarism, and fairness: When plagiarism gets in the way of learning. *Ethics and Behavior*, 15, 213 – 231.

Henry, A. & Roseberry, R. (2007). Language errors in the genre-based writing of advanced academic ESL students. *RELC Journal*, 38(2), 171 – 198.

Howard, R. M. (1995). Plagiarism, authorships, and the academic death penalty. *College English*, 57, 788 – 806.

Hu, G. W. & Lei, J. (2012). Investigating Chinese university students' knowledge of and attitudes toward plagiarism from an integrated perspective. *Language Learning*, 63(3), 813 – 850.

Hunston, S. (2002). *Corpora Applied Linguistics.* Cambridge: Cambridge University Press.

Hyland, K. (1990). A genre description of the argumentative essay. *RELC Journal*, (1), 66 – 78.

Hyland, K. & Anan, E. (2006). Techers's perceptions of error: The effects of first language and experince. *System*, 34, 509 – 519.

Incecay, V. & Dollar, Y. K. (2011). Foreign language learners's beliefs about grammar instruction and error correction. *Procedia Social and Behavioral Sciences*, 15, 94 – 98.

Ionin, T. et al. (2004). The role semantic features in the acquisition of English articles by Russian and Korean speakers. In J. Liceras et al.

(eds), *The Role of Formal Features in Second Language Acquisition*. Mahwah, NJ: Lawrece Erlbaum Associates.

Jackson. J. T. (2010). *Academic Dishonesty: The Link Between Academics and the Law*. Alabama: The University of Alabama.

James, C. (1993). Welsh bilingualsk' English spelling: An error analysis. *Journal of Multilingual and Multicultural Development*, 14(4), 287 – 306.

James, C. (2001). *Language Errors in Language Learning and Use: Exploring Error Analysis*. Beijing: Foreign Language Teaching and Research Press.

Jones, S. (1982). Attention to rhetorical form while composing in a second language. In C. Campbell et al. (eds.), *Proceedings of the Los Angeles Second Language Research Forum*. Los Angeles: University of California at Los Angeles, 130 – 143.

Kennedy, G. (2000). *An Introduction to Corpus Linguistics*. Beijing: Foreign Language Teaching and Research Press.

Khuwaileh, A. A. & Shoumal, A. A. (2000). Writing errors: A study of the writing ability of Arab learners of academic English and Arabic at university. *Language, Culture and Curriculum*, 12, 174 – 183.

Kim, H. (2001). An analysis of college students' academic achievement. *The Journal of Research in Education*, 15, 1 – 24.

Kock, N. & Davison, R. (2003). Dealing with plagiarism in the information systems research community: A look at factors that drive plagiarism and ways to address them. *MIS Quarterly*, 4, 511 – 532.

Lardier, D. (2009). Some thoughts on the contrastive analysis of features in second language acquisition. *Second Language Research*, 25, 173 – 227.

Laufer, B. & Waldman, T. (2011). Verb-Noun Collocations in Second Language Writing: A Corpus Analysis of Learners'English. *Language Learning*, 61(2), 647 – 672.

Lee, L. (2003). L2 writing teachers' perspectives, practices and problems regarding error feedback. *Assessing Writing*, (8), 216 – 237.

Lee, Y. (2011). Understanding anti-plagiarism software adoption: An extended protection motivation theory perspective. *Decision Support Systems*, 50(2), 361 – 369.

Leech, G. (1991). The state of art in corpus linguistics. In K. Aijmer and B. Altenberg (eds.), *English Corpus Linguistics*. London: Longman, 8 – 29.

Leech, G. (1998). Preface. In S. Granger (ed.), *Learner English on Computer*. London and New York: Longman.

Lennon, P. (1991). Error: Some problems of definition, identification and distinction. *Applied Linguistics*, 11, 190 – 192.

Li, Y. Y. (2012). Text-based plagiarism in scientific writing: What Chinese supervisors think about copying and how to reduce it in students' writing. *Science Engineering Ethics*, 19(2), 569 – 583.

Lin, C. S. & Wen, L. M. (2007). Academic dishonesty in higher education: A nationwide study in Taiwan. *Higher Education*, 54, 85 – 97.

Liu, D. (2005). Plagiarism in ESOL students: Is cultural conditioning truly the major culprit? *ELT Journal Volume*, 59(3), 234 – 241.

Love, P. G. & Simmons, J. (1998). Factors influencing cheating and plagiarism among graduate students in a college of education. *College Student Journal*, (4), 539 – 50.

Mackay, A. & Gass, S. (2012). *Research Methods in Second Language Acquisition*. Wiley-Blackwell.

Marina. V. (2005). Error analysis of scientific papers written by non-native speakers of English. *Transport*, 20(6), 274 – 279.

McCabe, D. L. & Trevino, L. K. (1997). Individual and contextual influences on academic dishonesty: A multicampus investigation. *Research in Higher Education*, 38(3), 379 – 396.

McCabe, D. L. et al. (2001). Cheating in academic institutions: A decade of research. *Ethics and Behavior*, 11(3), 219 – 232.

Menager, R. & Paulos, L. (2009). *Quick Coach Guide to Avoiding Plagiarism*. Boston: Wadsworth.

Mohaghegh, H. et al. (2011). Grammatical errors produced by English majors: The translation task. *Educational Research and Reviews*, 6(16), 877 – 888.

Mukattash, L. (1978). A pilot project in common grammatical errors in Jordanian English. *Interlanguage Studies Bulletin*, 3(2), 250 – 291.

Newstead, S. E. et al. (1996). Individual differences in student cheating. *Journal of Educational Psychology*, 88(2), 229 – 241.

Norrish, J. (1987). *Language Learning and Their Errors*. London: Macmillan Publisher Ltd.

Nyamasyo, E. (1994). An analysis of the spelling errors in the written English of Kenyan pre-university students. *Language, Culture and Curriculum*, 7(1), 79 – 92.

Parrish, B. (1987). A new look at methodologies in the study of article acquisition for learners of ESL. *Language Learning*, 21, 85 – 89.

Paulo, C. D. & Ana, S. C. B. (2014). Plagiarism phenomenon in European countries: Results from GENIUS project. *Procedia Social and Behavioral Sciences*, (116), 2526 – 2531.

Pecorari, D. (2002). *Original Reproductions: An Investigation of the Source Use of Postgraduate Second Language Writers*. University of Birmingham.

Pecorari, D. (2008). *Academic Writing and Plagiarism: A Linguistic Analysis*. England: Continuum.

Pennycook, A. (1994). The complex context of plagiarism: A reply to Deckert. *Journal of Second Language Writing*, 3, 277 – 284.

Pennycook, A. (1996). Borrowing others' words: Text, ownership, memory and plagiarism. *TESOL Quarterly*, 30(2), 201 – 230.

Pierce, L. et al. (2013). Acquisition of English grammatical morphology by internationally adopted children from China. *Journal of Child*

Language, 40(5), 1076-1090.

Polio, C. et al. (1998). If only I had more time: ESL learners changes in linguistic accuracy on essay revisions. *Journal of Second Language Writing*, (7), 43-68.

Posner, R. (2010). *The Little Book of Plagiarism*. Beijing: Peking University Press.

Raihanah, M. M. et al. (2011). Developing a critical response, avoiding plagiarism among undergraduate students. *Procedia—Social and Behavioral Science*, (18), 517-521.

Reishaan, A. (2013). The use of tenses in the Iraqi advanced EFL learners' writings: An error analysis. *Bulletin of the Transilvania University of Brasov, Series IV: Philology and Cultural Studies*, 6 (1), 99-116.

Richards, J. C. (1971). A non-contrastive approach to error analysis. *English Language Teaching Journal*, 3, 204-219.

Roig, M. & Detomasso, L. (1995). Are college cheating and plagiarism related to academic procrastination? *Psychological Reports*, 77, 691-698.

Salem I. (2007). The lexico-grammatical continuum viewed through student error. *ELT Journal*, 61(3), 211-219.

Scanlon, P. M. & Neumann, D. R. (2002). Internet Plagiarism among College Students. *Journal of College Student Development*, 43(3): 374-385.

Scott, M. S. (1974). Error analysis and English-language strategies of Arab learners. *Language Learning*, 4, 69-97.

Seferoglu, G. (1995). Error analysis: A study of variation in two Turkish students' pronunciation of the English interdentals. *Journal of Graduate School of Social Sciences*, (1), 23-28.

Selwyn, N. (2008). "Not necessarily a bad thing …": A study of online plagiarism amongst undergraduate students. *Assessment and Evaluation in Higher Education*, 33, 465-479.

Shi. L. (2004). Textual borrowing in second-language writing. *Written Communication*, 21(2), 171–200.

Shi. L. (2008). Textual appropriation and citing behaviors of university undergraduates. *Applied Linguistics*, (1), 1–24.

Shi. L. (2012). Rewriting and paraphrasing source texts in second language writing. *Journal of Second Language Writing*, 21(2), 134–148.

Shu, C. Y. (2012). Attitudes and behaviors related to academic dishonesty: A survey of Taiwanese graduate students. *Ethics and Behavior*, 22(3), 218–237.

Sinclair, J. (1999). *Corpus Concordance Collocation*. Shanghai: Shanghai Foreign Language Education Press.

Song-Turner, H. (2008). Plagiarism: Academic dishonesty or "blind spot" of multicultural education? *Australian University's Review*, 50(2), 39–50.

Sowden, C. (2005). Plagiarism and the culture of multilingual students in higher education abroad. *ELT Journal*, 59(3), 226–233.

Sutherland-Smith, W. (2005). The tangled Web: Internet plagiarism and international students' academic writing. *Journal of Asian Pacific Communication*, 15, 15–29.

Sutherland-Smith, W. (2008). *Plagiarism, the Internet and Academic Writing: Improving Academic Integrity*. London: Routledge.

Swales, J. (1990). *Genre Analysis: English in Academic and Research Settings*. Cambridge: Cambridge University Press.

Szabo, A. & Underwood, J. (2004). Cybercheats: Is information and communication technology fuelling academic dishonesty? *Active Learning in Higher Education*, (2), 180–199.

Taghavi, M. (2012). Error analysis in composition of Iranian lower intermediate students. *Online Submission*, (9), 33–45.

Tarone, E. & Parrish, B. (1988). Task-related variation in interlanguage: The case of articles. *Language Learning*, 38, 21–43.

Truscott, J. (1996). The case against grammar correction in L2 writing *classes. Language Learning*, 46(2), 327 – 369.

Turnitin. (2013). *Smarter, Faster Grading with ETS E-rater*. (http://www.uhd.edu/computing/ttlc/training).

Turnitin. (2013). *The Introduction of Grademark*. (http://www.turnitin.com/en us/home).

Turnitin 白皮书. (2012). http://www.turnitin.com.

Usick, B. L. (2004). *Is Plagiarism an Issue in Graduate Education? An Examination of Two Graduate Programs*. University of Manitoba.

Webster's Online Dictionary. (2013). http://www.merriam-webster.com.

Wedell, M. (1996). *Language Teaching and Learning*. (Chinese by Liu Runqing). Beijing: Foreign Language Teaching and Research Press.

Wheeler, G. (2009). Plagiarism in the Japanese universities: Truly a cultural matter? *Journal of Second Language Writing*, 18, 17 – 29.

Whitaker, H. A. (2006). Words in the mind, *words in the brain*: Preface to inaugural issue of The Mental Lexicon. *The Mental Lexicon*, 1(1), 3 – 5.

White, L. (2003). Fossilization in steady state L2 grammars: Persistent problems with inflectional morphology. *Bilingualism: Language and Cognition*, 6, 129 – 141.

Wikipedia. http://www.wikipedia.org.

Wilhoit. S. (1994). Helping students avoid plagiarism. *College Teaching*, 42(4), 161 – 164.

Yasemin, K. (2010). An analysis of written errors of Turkish adult learners of English. *Social and Behavioral Sciences*, 4352 – 4358.

Yeo, S. (2007). First-year university science and engineering students' understanding of plagiarism. *Higher Education Research and Development*, 26, 199 – 216.

Zamel, V. (1983). The composition processes of advanced ESL students: Six case studies. *TESOL Quarterly*, 3, 165 – 187.

Zeng, W. Q. & Resink, D. (2010). Research in integrity in China: Problems and prospects. *Bioethics*, 10(3), 164 – 177.

百度百科. http://baike.baidu.com/view.

鲍贵. 2011. 二语习得研究中的常用软件方法. 北京:外语教学与研究出版社.

蔡金亭. 2008. 汉英过渡语中非宾格动词的过度被动化. 外语研究,(6):60—67.

蔡金亭,吴一安. 2006. 中国大学生英语冠词使用研究. 外语教学与研究,(4):242—250.

陈建生. 1997. 关于语料库语言学. 国外语言学,(Ⅰ):1—11.

陈万霞. 2002. 英语学习者作文中的搭配错误分析. 解放军外国语学院学报,25(1):60—62.

程杰. 2004. 合理利用文献——谈英语专业学生的毕业论文写作. 广东工业大学学报(社会科学版),(4):148—150.

程伟. 2007. 中国学生英语学术论文中文献引用情况的探索性研究. 广东外语外贸大学.

程春梅,何安平. 2008. 高级英语学习者口语音段错误分析. 解放军外国语学院学报,(1):38—43.

崔艳嫣,王同顺. 2005. 基于 CLEC 的中国学习者英语派生词缀习得分析. 外语教学理论与实践,(2):5—11。

戴炜栋,张爱玲. 1999. 语料库、计算机、语言学. 外国语,(6):45—46.

戴炜栋,张雪梅. 2007. 对我国英语专业本科教学的反思. 外语界,(4):2—11.

丁艳雯. 2010. 英语专业本科毕业论文存在的主要问题与对策. 河北工程大学学报(社会科学版),(4):108—109.

董俊虹. 2005. 大学生英语写作中语篇衔接与连贯的错误分析. 外语教学,27(1):113—114.

杜舒亚. 2011. 中国非英语专业硕士论文英文摘要写作中衔接错误研究。河南:河南师范大学.

方润生等. 2013. 硕士研究生学位论文学术不端行为的特征分析. 学位与研究生教育,(5):18—22.

冯友. 2005. 大学英语学习者吞音现象调查———一项基于语料库的

研究. 外语教学与研究,37(6):453—459.

冯跃进,潘番. 1998. 语料库语言学的最新动态及未来发展趋势. 山东外语教学,(8):12.

高霞. 2006. 中国英语学习者朗读错误实证研究. 解放军外国语学院学报,(29):53—58.

高晓薇. 2007. A study on the difficulties of Chinese ESL postgraduates in academic writing. *China Electric Power Education*, (10): 129—130.

龚嵘. 2007. 从大学英语学习者词汇错误看认知因素对二语词库表征的影响. 外语界,(1):39—46.

桂诗春. 2009. 基于语料库的英语语言学语体分析. 北京:外语教学与研究出版社.

贺卫东. 2004. 当前人文学科研究生论文不良倾向及其矫正对策. 高教研究与实践,(2):39—43.

黑玉琴. 2001. 篇章阅读理解的错误分析方法. 外语教学,22(1):82—86.

胡庚申. 2000. 英语论文写作与发表. 北京:高等教育出版社.

胡海岩. 2015. 学无止境 书香绵长. 学位与研究生教育,(5):1—2.

胡文飞,李明远. 2006. 非英语专业学生可及性指示语使用状况探析——一项基于中国学习者英语语料库的研究. 喀什师范学院学报(社会科学),27(1):92—96.

黄立波. 2008. 英汉翻译中人称代词主语的显化——基于语料库的考察. 外语教学与研究,(6):454—459.

贾冠杰,邓漪涟. 2014. 基于语料库的英语专业硕士研究生毕业论文抄袭行为研究. 当代外语研究,(8):23—28.

贾冠杰,乔良文. 2014. 英语专业硕士毕业论文的语言错误分析研究. 外语界,(3):63—69.

姜亚军. 2013. 我国英语专业硕士学位论文标题的词汇句法特征研究. 外语教学,(6):19—24.

教育部. 2004. 高等学校哲学社会科学研究学术规范.

教育部. 2009. 关于严肃处理高等学校学术不端行为的通知.
教育部. 2011. 关于切实加强和改进高等学校学风建设的实施意见.
教育部. 2012. 学位论文作假行为处理办法.
金伟. 2009. 学术腐败与学术期刊. 辽宁师范大学学报,(3): 378—381.
金晶爱. 2007. 英语毕业论文写作与创新意识的培养. US-China Foreign Language,(5): 20—24.
科学技术部科研诚信建设办公室组织编写. 2009. 科研诚信知识读本. 北京:科技文献出版社.
朗文当代高级英语辞典. 2011. 北京:外语教学与研究出版社.
李金红. 2006. 国外主流写作理论对我国外语写作教学的启示. 国外外语教学,(2): 41—46.
李景泉,蔡金亭. 2001. 中国学生英语写作中的冠词误用现象——一项基于语料库的研究. 解放军外国语学院学报,(6): 58—62.
李文中. 2004. 基于 CLEC 的中介语搭配及学习者策略分析. 河南师范大学学报(哲学社会科学版),31(5):202—205.
梁茂成等. 2010. 语料库应用教程. 北京:外语教学与研究出版社.
林德华. 2004. 中国学生英语写作中的从句错误——一项基于语料库的研究. 解放军外国语学院学报,27(3):49—52.
刘姗,胡仁东. 2015. 博弈论视角下的导师与研究生关系探析. 学位与研究生教育,(5): 45—50.
刘坤,刘华. 2006. 方位词"UP"隐喻概念的对比研究. 山东外语教学,(4):42—45.
刘艾娟等. 2013. 特征组装视角的英语冠词习得研究. 外语教学与研究,(3):385—397.
刘春阳,杨雨时. 2006. 中国英语学习者词汇误用分析——一项基于中国学习者英语语料库的调查研究. 东北大学学报(社会科学版),8(4):301—304.
刘敬伟,冯宗祥. 2010. 我国英语专业研究生学位论文被动语态的使用分析. 沈阳农业院校学报（社会科学版），（3）：327—329.

刘绍龙. 2000. 英语中介语错误及其动态范式——儿童及大学生 BE 动词习得错误的个案调查. 现代外语，（1）：77—88.

刘向红. 2008. 非英语专业学生英语写作错误分析个案研究. 外语学刊，（2）：140—142.

刘新民. 1999. 英语论文写作规范. 外语与外语教学，（8）：33—43.

娄宝翠. 2001. 中国学生英语写作中的造词现象. 外语教学与研究，（1）：63—68.

马焕灵, 赵连磊. 2012. 美国高校学生学术不端行为校园规制摭探. 比较教育研究，（9）：18—22.

莫俊华. 2012. 中国学习者习得英语非宾格性与非作格性的研究. 解放军外国语学院学报，35（4）：60—65.

彭圆. 2006. 基于 CLEC 语料库的大学英语四、六级学习者介词错误分析. 社会工作与管理，6（2）：80—83.

彭永华. 2003. 外语教学中对待学生所犯错误的态度及策略. 新疆院校学报（社会科学版），（1）：15—17.

濮建忠. 2003. 英语词汇教学中的关联接、搭配及词块. 外语教学与研究，（6）：438—445.

秦琳. 2012. 研究生学位论文致谢写作研究——基于体裁对比分析理论和中西文化差异. 山西农业院校学报（社会科学版），（8）：859—864.

秦晓晴. 2003. 外语教学研究中的定量数据分析. 武汉：华中科技大学出版社.

秦晓晴. 2009. 外语教学问卷调查法. 北京：外语教学与研究出版社.

曲梅. 2007. 从学术造假看科研中的急功近利现象. 医学与哲学，（2）：14—18.

盛国强, 周永模. 2011. 英语专业本科毕业论文存在问题的分析和对策. 上海海洋大学学报，（4）：636—640.

苏红霞. 2002. 中国学生英语过渡语动词差错分析. 外语教学，

(1): 36—41.

苏晓军.2011.如何撰写文献综述.青年教师培训讲座.苏州大学.

孙莉,蔡金亭.2005.英语过渡语中记叙文语篇结构与时体使用的关系———一项基于口语语料库的研究.外语与外语教学,(7):15—18.

孙迎.2010.中国学生英语专业硕士论文"前言"部分的语类结构模式分析.中国外语,(6):55—78.

孙莉莉,杨雪静.2008.基于语料库的英语写作中冠词、介词的误用分析.长春师范学院学报(人文社会科学版),27(3):105—108.

孙文抗.2004.英语专业学士论文写作现状分析.外语界,(3):59—64.

陶洪.2011.非英语专业研究生朗读错误规律研究.河南财政税务高等专科学校学报,25(3):65—69.

汪卫红,熊敦礼.2004.错误分析研究回顾及其发展动态.外语教育,(1):71—78.

王晖.2006.儿童英语学习中的错误分析.中小学教学研究,(9):15—16.

王力.1983.王力文集.山东:山东教育出版社.

王蔷.2002.英语教师行动研究:从理论到实践.北京:外语教学与研究出版社.

王宇.2012.如何做好实证研究.青年教师培训讲座.苏州大学.

王崇义.2004.加强毕业论文指导提升学生综合素质——关于本科生毕业论文若干问题的思考.外语教学,(6):73—76.

王丹妮.2004. Discoursal Error Inquiry into the English Dissertations of the Postgraduates Majoring in Linguistics and Applied Linguistics. Unpublished MA thesis. Changchun: Northeast Normal University.

王雪梅.2012.英语专业研究生教材的内涵、分类与应用.外语界,(4):88—96.

王燕平等.2013.规范文献引用 提高研究生学位论文质量.学位与研究生教育,(5):23—25.

韦理. 2007. 中国学习者英语冠词第二语言习得研究. 博士学位论文.
　　上海：上海外国语大学.

文秋芳等. 2004. 应用语言学研究方法与论文写作（汉语版）. 北京：外
　　语教学与研究出版社.

吴义诚, 梅榕. 2000. 篇章翻译中的认知错误分析. 外语与外语教学,
　　(12)：10—12.

武晓峰等. 2012. 我国研究生学术和学术道德现状的调查与分析. 学位
　　与研究生教育,(3)：18—23.

向婵. 2006. 中国非英语专业研究生论文结尾调查（硕士学位论文）. 华
　　中科技大学.

肖旭月. 2001. 语音表征在取词拼写过程中的作用——中国学生英语
　　拼写错误的心理语言学分析. 外语教学与研究,(6)：422—429.

熊昕. 2009. 中国英语学习者动词屈折变化失误及其深层机制探
　　究——基于中国学习者英语语料库的研究. 赣南师范学院学报,
　　30(1)：78—81.

熊壮等. 2011. 硕士生学位论文复制比的主要影响因素分析. 研究生教
　　育研究,(4)：40—45.

徐大明等. 2008. 英语中介语词汇变异分析. 外语研究,(6)：1—9.

徐丽丽. 2012. 基于历时语料库的英语专业学生写作不断句失误分析.
　　哈尔滨：哈尔滨工程大学.

许宏晨. 2013. 第二语言研究中的统计案例分析. 北京：外语教学与研
　　究出版社.

闫丽莉. 2003. 中国学生英语冠词习得初探. 外语教学与研究,(5)：
　　210—214.

杨惠中等. 2005. 基于 CLEC 语料库的中国学习者英语分析. 上海：上
　　海教育出版社.

杨惠中. 2002. 语料库语言学导论. 上海：上海外语教育出版社.

杨明光. 2007. 英语毕业论文写作引用资料的合理使用. 安徽工业大学
　　学报（社会科学版）,(1)：102—104.

杨玉圣, 张宝生. 2004. 学术规范导论. 北京：高等教育出版社.

叶云屏. 2002. 从学生习作中的语言错误看写作教学中的薄弱环节. 外

语教学,(23):77—81.

余国良.2007.文献引用行为中批判性思维的个案研究.外语学刊,(5):124—128.

俞静霞.2013.中学生英语作文错误分析初探.杭州:浙江大学.

张军,赵清华.2013.学位论文复制比检测:问题、对策与思考.学位与研究生教育,(11):38—41.

张薇.2012.中学生英语作文中标点符号使用的错误分析.太原:山西师范大学.

张惠琴等.2008.中国大学生"抄袭、剽窃"概念实证研究——中、美大学生 plagiarism 概念比较.外语研究,(2):66—71.

张文忠,杨士超.2009.中国学习者英语语料库中动名搭配错误研究.解放军外国语学院学报,32(2):39—44.

张晓兰.2004.英语专业大二学生英语写作错误分析与启示.外语学刊,(2):58—62.

赵永青.1995.从语篇思维模式看英文写作教学.现代外语,(2):21—26.

钟伟珍,黄国文.1999.英语专业研究生学位论文中参考文献的引用规范化问题.解放军外国语学院学报,(5):118—119.

周保国.2008.第二语言习得中英语定冠词过度使用研究.现代外语,(4):387—394.

朱叶秋.2003.大学生英语冠词掌握情况调查.外语教学与研究,(3):206—209.

朱叶秋,文秋芳.2008.不同语言学习者口语冠词的使用.解放军外国语学院学报,(6):37—41.

訾韦力.2005.从现代汉语空成分结构看过渡时期中介语错误.西南民族大学学报(人文社科版),26(6):323—325.